信念的力量

鲁先圣 著

山东城市出版传媒集团·济南出版社

图书在版编目(CIP)数据

信念的力量/鲁先圣著. —济南:济南出版社,
2019.1(2020.7 重印)

ISBN 978 – 7 – 5488 – 3550 – 9

Ⅰ.①信… Ⅱ.①鲁… Ⅲ.①阅读课 – 中学 – 教学参
考资料 Ⅳ.①G634.333

中国版本图书馆 CIP 数据核字(2019)第 019141 号

出 版 人	崔 刚

出 版 人　崔　刚
责任编辑　李圣红　闫　菲
装帧设计　刘　畅
出版发行　济南出版社
地　　址　山东省济南市二环南路1号(250002)
编辑热线　0531 – 82774503
发行热线　0531 – 67817923　86922073
印　　刷　肥城新华印刷有限公司
版　　次　2019 年 1 月第 1 版
印　　次　2020 年 7 月第 3 次印刷
成品尺寸　148mm×210mm　32 开
印　　张　7.75
字　　数　200 千
印　　数　8001 – 13000 册
定　　价　36.00 元

(济南版图书,如有印装质量问题,请与出版社联系调换)

目　录

第一辑　美丽的驿站

第二辑　生命的恩赐

第三辑　总有一个目标召唤着我

第四辑 岁月的每一处皱褶里自有深意

美丽的驿站

离自己最近的地方，常常路途最远。我们走遍千山万水，漂泊天涯，去敲成功的门扉，可是最后我们却惊奇地发现，那扇门，就在我们的隔壁，甚至，自己的心灵深处，就是伟大的内殿。

遥远的炊烟

在城市生活得久了，常常想起乡村里的炊烟，想起炊烟下宁静的土屋，果实累累的枣树、石榴树和悠闲的鸡鸭羊群，更常常想起炊烟里的母亲。

只要在乡村生活过，有谁不怀念村庄上空那袅袅升起的炊烟？袅袅的炊烟，在房屋的脊梁上盘旋，在树梢的鸟巢旁飘荡，在胡同的拐角里踱步，最后都凝聚成片片朦胧的烟霞。在那袅袅的炊烟里，有母亲的呼唤，有奶奶的目光，也有父亲洪钟般的声音。

对炊烟的记忆，是一个人心灵深处的情结，是一个人大浪淘沙之后的顿悟，是人生归于平静的从容。

有多久没有看到过炊烟了？城市里没有炊烟，城市里用的是液化气和天然气，即使有了些许炊烟，也是有害的气体，是不会让人留恋的。况且，城市里的人们也没有时间留意炊烟，大家都匆匆忙忙，谁会有时间在意稍纵即逝的炊烟？炊烟只属于宁静的乡村，只属于浑厚的黄土地。

只有当人们停下匆匆步履的时候，只有当心灵归于淡雅和安静的时候，那袅袅的炊烟才会从久远的记忆中升起来，瞬间弥漫整个心灵。

童年的时候，炊烟意味着娘做好了可口的饭菜。伙伴们成群结队地去村外的田野里玩耍，去村头的小河里嬉戏。兴致来了，忘记了时间，忘记了回家。这个时候不知道谁说一声，我家房顶上没有烟了，娘做好饭了。大家立刻齐刷刷地把目光投向村里，纷纷寻找自己家的房顶。不久前还袅袅升起的炊烟，都已经渐渐散尽了。娘把饭都做好了。大家自然都收了心，赶快追逐着跑向村里，跑回自己的家里。那里有娘可口的饭菜等着啊，再不回家，娘就要到村口呼唤儿子了。

炊烟是汉子们心底的温暖。太阳升起来了，汉子们赶着牲口，拉着牛车，说说笑笑地到村外的田地里劳作。到了中午，汉子们累了的时候，村里的炊烟也升起来了。这个时候，大家纷纷卸下牲口，在地头坐下，点燃一支烟，大家的目光都会朝向通往村里的小路。那条小路上，渐渐地，成群结队的妇女提着饭菜从村里的炊烟里走来了。汉子们的疲劳消失了，那无尽的温暖扑面而来。

炊烟就是远行的游子心中的家园。无论你走到天涯海角，无论取得多大成就，最让你动心的，一定是故乡茅屋上升起的那袅袅炊烟啊。无论你遭受了怎样的重创，那随风飘浮的缕缕炊烟，顷刻之间就把你隐藏在了无边的温暖里。

当我们忆起年迈的母亲，她的身影多半是在炊烟里。有多少回啊，当我们从村外回到家里，当我们喊娘的时候，母亲的身影在炊烟里忙碌。我们的姐妹呢？她们的身影忙碌在灶前，把辫子甩在身后，往炉膛里填着玉米和高粱秸秆，手上和鼻尖上都早已经变成了黑色，像一个唱戏的大花脸。

我突然间想起人烟这个词。人烟，就一定是人间烟火，也就是指炊烟了。在千里荒漠中孤独旅行的人，在浩瀚无边的大海中航行的人，突然看到地平线上升起的袅袅炊烟，会激动得热泪盈眶，因为看到了人间的信号。所有漫漫孤旅的寂寞和苍凉，所有长途跋涉的疲惫和恐惧，瞬间都消失得无影无踪了。

没有风的时候，炊烟是一棵树，从家里的灶房里生长起来，然后与全村的树聚合成一棵参天大树。有风的时候就不同了，家家的炊烟刚刚冒上房顶，就迅速汇集成一片，变成一片片灰色的云，飘浮到村庄的上空，最后都消失到无边的旷野里。其实，不论是无风的时候还是有风的时候，乡村上空的炊烟都是一幅动人的画卷，像飞流直下的瀑布，像艳丽多彩的锦缎，像婀娜多姿的少女。可是炊烟与画卷又不同，因为炊烟里还有麦子的香味，更有母亲殷殷的目光。

天空有朵美丽的云

谁没有看见过飘荡在蓝天之上的云？没有风的时候，天空是那种明媚的晴天，一朵朵洁白的云从蔚蓝的天空上缓缓飘过。不论是谁，抬头看到这样的情景，都会心生喜悦。

云的美丽因为地域环境的不同而有很大的差异。北方的云与南方的云不同，高山之巅的云与大草原上的云也不相同，乡野的云与城市里的云更加不同。

我登过云南丽江的玉龙雪山，它是北半球最南的大雪山，高山雪域风景位于海拔4000米以上，主峰海拔5596米。我去的时候赶上孩子放暑假，虽是夏天，但玉龙雪山依然不负其名。蓝天下的雪山，云蒸霞蔚，玉龙时隐时现；碧空如水，群峰晶莹耀眼；云带束腰，云中雪峰皎洁，云下岗峦碧翠；雪峰如披红纱，娇艳无比。站在雪山上，实在分不出哪是云哪是冰雪，是山峰在摇还是云在飘。

云给雪山增添了不尽的神奇。雪山不仅巍峨壮丽，而且随四时的更换、阴晴的变化而风景各异。时而云雾缠裹，雪山乍隐乍现，似犹抱琵琶半遮面的美女神态；时而山顶云封，深奥莫测；时而上下俱开，白云横腰一围，别具一番风姿；时而碧空万里，群峰如洗，闪烁着晶莹的银光。在这里，云成为一个艺术大师，稍微一变，就让雪山变幻出另一种风景。

泰山的云与玉龙雪山的云就截然不同了。它虽没有雪山之巅的云那般千变万化，但是却独具雪山所没有的云海波涛。泰山的云被称为云海。云海多出现在泰山的夏秋两季。夏季多雨，云海时隐时现。当云海与山风同时出现时，还会形成漫过山峰的"爬山云"和顺坡奔流直下的"瀑布云"。

但凡去登泰山的人，都盼望能够在山顶欣赏到泰山有名的日出奇观。这样的机会，要感谢泰山的云海。没有云海的出现，就不会有壮丽的日出。我曾经两次目睹过泰山的日出。山顶之上，云海沸腾，一轮红日冉冉升起，你不得不感慨大自然的造化与神奇。

庐山的云更加奇异，人们称之为庐山云雾。在庐山很难分辨哪里是云哪里是雾，因为云和雾总缠绕在一起，人们就干脆称为云雾。山上产的茶，当地人也命名为"庐山云雾"。庐山上的云雾，在山下看是云，很像山顶戴帽或是云雾缠腰；站在山上往下看，则是雾，由山谷冉冉升起，忽而从头上轻轻掠过，自己不知不觉就处于浓雾之中了。清代作家张维屏曾写过庐山的云："瞬息之间，弥漫四合，其白如雪，其软如绵，其光如银，其阔如海，薄或如絮，厚或如毡，动或如烟，静或如波。"可见庐山云雾的万千美景。

南方的云与北方的云是不同的。北方的云，就如北方的男人，厚重而深沉，大气而豪迈，一来往往就是雷霆万钧，气势磅礴。南方的云，颇像南方的女人，水灵而活泼，灵巧而优雅，来时也是斜风细雨。

我曾经多次在飞机上欣赏天空的云。在飞机上看到的云与在地面上看到的云真有天壤之别。在地面上看到的云是一片一片的，一朵一朵的，是随风飘荡的；但是在飞机上看到的云却是一堆一堆的，大的像高耸的山峰，小的像一个个蘑菇，都是静止不动的。

在乡村的旷野里看云，实在是一种难得的享受。大片大片的云在蔚蓝的天空上飘浮，那种闲适和悠然，让人物我两忘，尘念顿消。

在大草原上看云就更是一种人生的境遇了。洁白的云高悬在碧绿的草原之上，一群群牛羊在草原上悠闲地踱步，牧民的蒙古包像

7

一个个可爱的蘑菇。看着看着，自己似乎就融入了美丽的画卷之中。

云给了我们太多的想象和灵感。没有早晨的云，我们哪里会有充满希望的朝霞满天？没有傍晚的云，我们哪里还会有"夕阳无限好，只是近黄昏"的晚霞之美？

母子鸟

　　在地球最北端的格陵兰岛上，有这样一种鸟：假如你逮住了母鸟，用不了多长时间，它的孩子们一定会千方百计地飞来寻找母亲，无论你把母鸟藏到哪里，带到多远的地方；同样，假如你逮住了雏鸟，它的母亲也会千方百计地寻找到孩子，无论你把雏鸟带到哪里。

　　岛上的人们把这种鸟叫母子鸟。

　　格陵兰岛的大部分土地都在北极圈以内，土地长年冰封，岛上的人们主要以狩猎为生。如果按我们一般的想法，岛上的猎人只要想办法逮住母鸟或雏鸟，坐在家里等着大批的鸟自投罗网就可以了，这是何等事半功倍的事情啊。但是，格陵兰岛上的居民们没有这样做，千百年来，岛上从来没有人去射杀母子鸟。现在岛上的人谁也说不清楚是从什么时候开始不许射杀母子鸟的，只知道，从一懂事起，就被长辈警告，不许射杀母子鸟。这个传统一辈一辈地流传下来，成为格陵兰岛上一条不成文的规定。

　　格陵兰岛上几乎没有两三口人的小家庭，大都是几十口人的大家庭，直到实在是住不开了，才会恋恋不舍地分开居住。人们说，连鸟都知道亲情团圆，都知道千里相随，我们为什么要骨肉分离呢？

　　岛上的大部分居民还处在半原始的生活状态，但几乎所有到了这个岛上的人，都会被他们注重亲情、和睦相处的情景所震撼。岛上几乎没有法律，更谈不上军队和警察，但他们却和睦快乐地生活着。医生给人治病，都会凭着自己的良知倾其所能，因为他们知道在病人的家里，亲人们正在焦急地盼望着。商人不做坑人骗人的奸商，因为他们知道，假如坑骗了孩子，会令他们的父母痛心；而坑骗了父母，会连累他们的孩子。整个社会，所有的人都这么想，每一个人都是有父母有孩子的人，都被许许多多的亲人牵挂，不能做伤害人、让人痛心的事情啊。

听到这个故事的时候，我明白了这个岛上的人们，为什么要求他们的子孙世代恪守不射杀母子鸟的传统。

凡墙都是门

加缪说："凡墙都是门。"这句话让人深思，与我们古人的"置之死地而后生"异曲同工。如果我们都能有把横亘在面前的墙视如门的智慧，则人生之路尽是通衢大道。

著名作家马识途写过一副对联："人无媚骨何嫌瘦，家有藏书不算穷；能耐天磨真铁汉，不遭人妒是庸才。"上联与北魏李谧的"大丈夫拥书万卷，何假南面百城"有异曲同工之妙，下联则可以这样解读：人生总要遭受困境磨难，能坚持挺过来的才算得上是真汉子；才华横溢必定遭人嫉妒，倘若无人嫉妒，那只能说明他是个庸才。

明白了这一层，你的人生便豁然开朗。

荷兰画家梵高说过很经典的一句话："没有不好的色彩，只有不好的搭配。"

画画是这样，哪个行业不是这样呢？谁都不笨，谁都有自己独特的优势，只是很多人没有合理地使用、搭配自己的优势啊！

常听人们谈论命运。我从来不相信一个人一出生就什么都定好了。我坚信，命运是你选定目标之后义无反顾、一往无前、一生持续发力的最终结果。

当感觉力不从心的时候，最好的办法，不是忙于满世界求教取经，那样只会让你感觉差距更大；而是让自己安静下来，读书思考，仰望星空，谛听来自心灵深处的声音。

一个人最高的修养是知人而不乐于臧否人物。不因别人的一句话轻易改变自己的判断，不轻易地肯定一个人，也不轻易地否定一个人。

人的一生，并不像一年四季那样分明，很难确切地区分我们应该何时退出江湖。因此，我这样把握自己：只要我还拿得动笔，我就不会停止，我就坚信自己依然年轻，我依然有大好的年华和前程。

不久前我去青岛一所中学做讲座，学生们问了一个问题：你现在如此成功，有何感悟？这是一个很好的问题。其实，任何人都不知道自己正在经历一生的巅峰时刻，或者最幸福或者最危险的时刻。我对学生们说：我并没有感觉自己的现在与过去有什么不同，我只是一刻不停地走在赶赴梦想的路上。至于成功，那是别人的感觉，与我无关。

原来，你在这里

有人说，童话都是骗人的。不对。我们每一个人都可以把自己的日子过成童话。如果一个人相信自己生活在童话的世界里，他的人生就充满希望，也不易陷入绝境。

童话的魅力就在于让我们始终保持着对未来美好的憧憬。

我常常想，如果我的内心深处是广袤无边的森林，那么我每一天都在神秘的密林中探险、猎奇、寻找自己的秘密。也许有人认为我是成功的，也许有人认为我还算不上成功。但是，这些重要吗？我在自己的森林里快乐地漫游，哪里顾得上别人的赞美或者叹息！

有人为自己没有成功而痛苦。我说，这不是最大的痛苦，最大的痛苦是到了最后发现自己的落后是因为没有倾尽全力。你本来可以的，你有机会，你也有能力，只要再努力一把，你就可以成功。但是，最关键的一步，你松懈了，你错过了。

还有什么比意识到这一点更痛苦？

你看那些杰出的人物，他们在成功之前都在做什么。他们对于外在的世界充耳不闻，他们也不在意别人的眼光和议论，他们只是安静地埋首在自己的世界里，把自己的人生当成一块璞玉，每一天都精雕细琢。

他们都是人生的精工巧匠，把自己的每一分钟都打磨得玲珑剔透。他们的面容安静祥和，说话也缓慢从容，似乎对什么都不着急。

但是，突然有一天，你却发现似乎在你的不经意间，他们已经把自己雕琢成了一块绝世的美玉。

任何一个壮阔的世界，都需要从容不迫之人。急功近利之人，没有未来。

每当看到那些拿着刀枪匕首棍棒搏杀的人，我都投以不屑。

生命当然是需要武器的，武器是生命安全的保障。但是，一定要用那些致人死命的东西来防身吗？不。

我记得一句话：对敌人最深的报复是原谅。当你变得十分强大，可以不费吹灰之力就能把敌人打垮时，你采取了饶恕和谅解，这会让对方无地自容。

崇高的声望，善良的美德，博大的胸怀，这些无疑都是生命最重要的武器。这些武器，不仅可以保护自己，而且能够庇佑我们的世界。

当一个人狂妄到不可一世，骄傲到目空一切，以为凭一己之力可以翻手为云、覆手为雨的时候，你对他说：请你做一件最简单的事——把你扛到自己的肩上！这件事除了你之外，任何一个人都可以做到。

世界上，有很多事情，是不可为的。我们每一个人都有不可逾越的局限。

如果明白了这点，我们就应该做一个懂得分寸、懂得尊重他人的人。凡事知道设身处地地为别人着想，凡事知道留有余地。因为，我们自己的能力是有限的，我们是世界的一员，能够做好自己，就已经很了不起了。

常常听到有人说：我的负担很重，老人、孩子、工作、生活，哪一样都不轻松。说这话的时候，我们可以品味出他心情的沉重和忧虑，还有对未来的惶恐。

有谁在生活中没有负担？只不过，有的人把负担当成不可逾越的大山，而有的人则把所有的负担都压在了自己那双能担当一切的手上。

　　只要有一双手，负担就不是阻碍前行的大山，而会变成人生道路一个个美丽的驿站。

　　离自己最近的地方，常常路途最远。我们走遍千山万水，漂泊天涯，去敲成功的门扉。可是，最后我们却惊奇地发现，那扇门就在我们的隔壁，甚至，自己的心灵深处就是伟大的内殿。

　　这一刻，我们已经超越了所有的尘世繁华，面对苍茫世界，由衷地感叹："原来，你在这里！"

教养

生活在人世间，没有什么比教养更重要。

教养，是一个人立身处世的基本素质。拥有学养，是养成教养的重要途径，很多学识渊博的人都因高尚的品格受到尊敬。但是，也有一些满腹学问的人，教养却很差，为世人所不齿。

教养也是一个人对礼仪把握的程度。孔子一再强调："文之以礼乐，亦可以为成人矣。"他的意思是说，懂得礼乐制度，是人成长的必要条件。毫无疑问，礼仪不仅是一个人教养的外在形式，是人生的素养和风度，更会使人变得彬彬有礼。

一个人的教养，更多体现在与他人的交往中。是心平气和，还是心浮气躁？是居高临下，还是谦恭含蓄？是不可一世，还是退让慈悲？是责任担当，还是怨天尤人？我们每天这样比较着自修，教养就逐渐变成我们生命中的素养了。

当不认可对方观点的时候，如果这样说"你的说法很有道理，但是，我还有另外一个想法，请你听听是否可以"，交流就会进入到和谐友好的气氛中。你们的观点，会在不自觉中达成共识。而你也会因为自己的优雅、风度、涵养，成为一个颇受欢迎的人。

"文质彬彬，然后君子。"意思是，质朴的内在道德和文雅的外表气质相一致，才是君子应有的风范。

自立者，天助之

很多时候，外在的帮助也许会暂时助你摆脱困境，但是，也可能让你更快地走向衰弱，因为它会扼杀你的进取心和原动力。人性中一个重要的规律是，在无微不至的呵护、高屋建瓴的指导、严谨的监督下，人会逐渐丧失自己的判断力、决策力，渐渐走向平庸，以至不可救药。只有来自你内心的力量，才会真正将你拯救出人生苦海。

人与人之间，不论是大人物还是小人物，不论是弱者还是强者，也不论是贵族还是平民，最大的差别就在于意志的力量。你只有具备了一旦确定目标就所向无敌、一往无前的勇气和决心，才能做成事情，这是无法估量的一种品质。没有这种品质，所谓才华、机遇，都是一句空话。

优秀的人也会遭遇挫折，也会失败。但是，失败对于强者来说，恰恰是最好的训练，它会激发一个人强大的内心，不断克服弱点，寻找最佳的捷径，焕发出你内心最大的潜能，在知识、意志、方法上不断向前迈进与超越。

这是一个无可比拟的征服的过程。这个过程，将使一个人变得无比强大。原来遭遇的失败和挫折，都成为人生珍贵的财富，成为生命中的荣光。

所以，中国古人几千年以前就总结出了这样的断语："自立者，天助之。"

有一个朋友对我说：看起来，你总是能够腾出时间来做你想做的事情。这对于很多人来说，几乎是不可能的。可是，对于你来说，似乎总是有时间，也有机会。我感觉你似乎把你所有的时间都利用起来了。

朋友又说：你似乎总是热气腾腾，周身充溢着饱满的热情和斗志；你走到哪里，就会给哪里带来光芒；你的内心，似乎总是潜藏着朝气蓬勃的能量。

还有朋友对我说：你似乎总是不断否定自己，不断超越自己，不断为自己开辟出新的领域。很多人，即使在一个领域也没有干出什么名堂，但是，你在若干个领域都干得有声有色。

我回答朋友，我并没有什么过人之处，我不过是不浪费时间，把自己一小段一小段的空闲时间都用有意义的事情填满了。

我说，我不过是一个能够依靠自己的力量抵挡住各种诱惑的人，比如，我也有条件和能力去旅游、休闲、娱乐、狩猎、享乐，这些对于很多人来说都是极具诱惑和吸引力的，可是我很少去。我追求的是过自己一个文人的生活。

重要的是，我总是不甘于在自己从事的领域平庸无为，不是生活所迫，也不是一定要出人头地，这是一种天性，我总是力求做到最好。

一缕云烟

我最喜欢泰戈尔的那句诗："天空没留下翅膀的痕迹，但我已飞过。"

人生多少事，终将化作一溪流水，一缕云烟，一粒尘埃。我们笑过，我们也哭过，有过热烈的喧嚣，也有过成功的欢欣。但是，最终，生活会归于寂静，归于平淡。

如果我们接纳了这一分平淡，就有了一分超然，也拥有了一分淡薄，一分宁静，几分从容，更拥有了一种辽阔的胸襟。

大地无言。日出日落，春夏秋冬。田园安静，树木葳蕤。不论狂风暴雨还是美丽的彩虹，都是短暂的风景。平淡，是最长久、最真实的生活。

聚散是人生的常态，风雨是岁月的衣裳，坎坷是人生的步履。繁花总会落地为尘，归于大地青山。所有的爱恨情仇，所有的刻骨铭心，所有的难以忘怀，都必将化为温暖的记忆与珍藏。

也许你会后悔自己错过的无数机遇，也许你会担心失去已有的珍宝，也许你会遗憾自己曾经幼稚，也许你会痛恨自己性格软弱……其实，这个世界上所有的东西都不属于我们，无论已经失去的还是尚未得到的，都不过是我们一厢情愿，是我们的一种主观感受。如果退后一步，你就会发现，千辛万苦得到的未必是你的福音；让你万分惋惜而失去的，未必不是你的累赘。如果有了随缘的心境，回到真实，你的世界自然海阔天空。

其实，平淡是一种境界，是一种超脱的轻松，是一种简约的生活态度。不再强迫自己做力所不能及之事，不再强迫自己做什么大人物，不再苛求自己总是引颈高歌，而是回归到真实的自我，让自己的心灵自由地徜徉，与本来的自己无缝对接。

沧海桑田，经历了人生的悲欢离合，走进平淡的人间烟火，你的世界便会诗意盎然，满目清凉。

静思

我们常常说到静思。古人说："每临大事有静气，不信今时无古贤。"

其实，静思就是不断省察自己。佛陀经过 6 年的修行而悟道，开始了他的传教生涯。但是，他并没有轻世傲物，而是每一年都会在雨季的 3 个月中隐居静思，在 9 个月的传道时间中每一天又必定有三次静思的时间。他说，一个人，假如一天没有三次的自我省察，是不可能保持清醒的。

这与曾子的"每日三省吾身"有异曲同工之处。曾子的意思是，每一天都要从三个方面省察自己：与友交往是否诚信，为人谋事是否忠诚，老师讲的知识是否牢记了。其实，这也是让自己从静思中保持清醒的头脑。

我有一个日本朋友大竹，他是一个公司的高级职员，在日本下关市的郊外有一座乡间别墅。别墅里有个 200 平方米的游泳池和很大的花园。他每天下了班以后，都会开车到乡间别墅去。他先到自己的花园中赏花、浇水、施肥，在很短的时间内使自己由一个现代社会职员变成了一个大自然中的人。然后，他会游泳、洗热水澡，让自己的身心彻底放松平静下来。

接下来，他会穿上棉质的衣服，到一个什么摆设也没有、十分简洁明了的房间去，坐在榻榻米上，静静地倾听风铃的声响，凝视风铃的坠穗在风中摇曳的样子。而后，他会沏一杯茶，严格按照日本茶道的步骤，慢慢啜饮，品尝茶的芳香和韵味，慢慢琢磨茶道的深邃和悠远，从中领略人生的境界。

在整个过程当中，他几乎不与人交谈，一切都在和谐的宁静中进行。他说，他感觉自己从进了别墅的那一刻起，就暂时与世俗生活告别了。在游泳、洗浴、听风铃和品茶的过程当中，自己渐渐进入了沉静的状态里，心胸开阔起来，视野里一片明朗，不论多么困难的问题，都有了清晰的思路。

我随他到别墅去的时候，他告诉我，他正有一个重大的问题要做决断。我说，为什么不找朋友一起商量拿主意呢？他说，不，争论是争论不出答案来的，只有把一切杂念都忘掉，端起一杯茶，从茶的宁静和悠远中，他才能顿悟，找到清晰的思路和办法。

我问他，日本人都是这样吗？他说，是的，这是他们解决问题的方式。

我们的古人说过"宁静致远"，意思是在宁静中才可以得到智慧。但是，我们中国人没有像大竹那样把这些智慧应用到自己的生活之中。现在我们选择的决策方式，多是无休无止的争论，很多人在一起激烈地辩论甚至争吵。无数的时间和机会，就在不知不觉中失去了。

选择静思吧，在静思中，聆听自然的天籁，方能寻找生命的真谛。

深秋

　　深秋出门散步，总是会涌现"衰落""惆怅""悲凉"等情绪，即便不远处就有手风琴的声响从热闹的人行道上传来。看到小径上片片枯萎的黄叶，任何一个诗人，都没有办法停止自己的伤怀。秋，已经深了。

　　从汉字的构造可以窥见古人对于秋天的描述：一个"秋"字，下面加一个"心"字，就是"愁"字了，也就是说，"愁"是秋天的心境。所以，中国的文人骚客作品中，悲秋的诗句留下来的最多。"心绪逢摇落，秋声不可闻。""秋风秋雨愁煞人，寒宵独坐心如捣。""行吟坐啸独悲秋，海雾江云引暮愁。"虽然也有辛弃疾的"秋气堪悲未必然，一年正是可人天"和王勃的"落霞与孤鹜齐飞，秋水共长天一色"等壮美诗句，但是，落脚在"愁"字上的作品要多得多。

　　但是，到山冈上放目远眺，季节的变化层层而来！火一样的红叶铺天盖地，一直延伸到山顶。柿子树上的叶子都落了，但是，鲜红的柿子依然悬挂枝头，不惧风霜。这时候的山坡，真是秋意盎然！

　　深秋的阳光表面上是温暖而安静的，可也靠不住，一阵凉风吹来，灰色忧郁的日子呼啦啦地就来了。

　　然而，秋天里，最重要的特色还是"秋高气爽"！苍穹蔚蓝，天高云淡，万里澄澈，大雁南飞，看到这些，任何的愁肠也会顿然远去。

秋天里，唯一傲然盛开的就是菊花。说秋天是菊的季节，是丝毫也不为过的！不用太多，庭院里如果有几株菊花，红色的，白色的，紫色的，黄色的，绿色的，粉红色的，岂是一句争奇斗艳可以形容的。

几乎每个城市的公园，都会在这个季节举办盛大的菊花展。济南的趵突泉秋季菊展已经持续举办了几十年，成为这个城市的盛事。把精心种植的菊花集中到一起，赋予一些奇异的名字，菊花就不再仅仅是自然的花，更具有了一种文化的内涵和意义。

对于丘陵地区的人们来说，秋天最重要的收获是苹果、板栗、橘子、核桃、山楂。而对于渔民来说，秋天则是收获螃蟹的时节。"秋风响，蟹脚痒"，螃蟹个大肉肥，蟹黄满满。几天前我去辽宁盘锦参加笔会，那里最著名的"稻田河蟹"正是成熟的时候，三两左右一个，肉肥黄满，真是一等的美味。

天气预报说，后天有雪，温度就是零下了。我知道，冬天，就要来了。

美丽的遇见

我们常常说"千金易得，知音难求"，一生中遇见、交往的人很多，但志趣相投、互为补益的知己却很少。相遇偶得良师益友，确是人生幸事。

以《哥德巴赫猜想》《地质之光》《祁连山下》《生命之树常绿》等名篇享誉文坛的散文家徐迟先生，讲过他自己青年时代的一段经历。1932 年 1 月，刚刚 20 岁的徐迟到燕京大学借读。而此时，已经以诗集《繁星》、小说集《超人》驰名文坛的冰心恰好任教于燕京大学。

徐迟先生动情地回忆，那时候，冰心先生开了一门叫作"诗"的课，一周上一个小时，讲英国的浪漫主义诗人雪莱和拜伦，也讲湖畔诗人华兹华斯和柯勒律治。当时，年轻漂亮的冰心先生刚生下第一个孩子。她每次上课，都推着一辆婴儿车，腋下夹着一本精装的英文诗选集，在燕山大学的校园小路上，在未名湖畔的林荫下，哼着儿歌，轻轻地从宿舍走向教室。

徐迟先生说，这景象，毫无疑问，是当时燕京大学最美丽的风景，比她给学生讲的诗还要浪漫。

每一次，冰心先生推着婴儿车走进教室，把婴儿车放在讲台一侧，然后走上讲台，打开诗集，为大家读一首诗，再开始讲解和分析。多年以后徐迟还这样回忆："这是一门多么美丽的课程啊！听着冰心老师的这门诗歌课，我们中的不少人后来都成了诗人或诗歌研究者……"

人生当中，这样的相遇是不多的，可以说是一种机缘，一种幸运。有这样美丽的相遇，真的如徐迟先生所说，想不成为诗人都难。

在我们的生活中亦然。每天与一个朝气蓬勃的人在一起，我们的人生就不会颓废、懈怠。每天与一个正能量的人在一起，我们就不会消沉、怨恨。每天与有着善良情怀的人在一起，我们的人生中就自然充满良知和善行。每天与读书人为伍，我们的人生自然书香弥漫。

相反，如果你每天与一个怨天尤人的愤青在一起，你必然也渐渐沦为一个处处不平的愤青；如果你每天与一个不求上进的人在一起，你必然也会渐渐丢失掉一个青年人最珍贵的进取之心和人生锐气。

所以，请珍惜人生中那些美丽的遇见！

生命的奇迹

匈牙利的提索河上，每年夏天都会有"提索花季"。在刚刚进入夏季的某一天，满河道的蜉蝣会神奇地在同一时间浮上河面。浮上河面的蜉蝣，都已经潜伏河中三年，它们霎时布满河面。因为雄虫的翅膀是蓝色的，雌虫的翅膀是褐色的，它们就像河面上开满的蓝色和褐色的花朵。

三年的沉寂和孕育，蜉蝣突然饱满绽放，美丽惊艳，匈牙利的提索河因此而名扬世界，成为欧洲最著名的景观。每当蜉蝣惊艳出现的时刻，提前几天，匈牙利的提索河流域就吸引世界上数不胜数的游人，因为人们知道，它们的惊艳表演只有三个小时！三个小时之后，提索河上的无数蜉蝣"花朵"就同时凋谢了，三年的潜伏，就是为了三个小时的怒放！

蝉在中国古代象征复活和永生，这个象征意义来自于它的生命周期：它最初是幼虫，后来成为地上的蝉蛹，最后变成飞虫。小小的幼虫从卵里孵化出来，待在树枝上，秋风把它吹到地面上，一到地面，它马上寻找柔软的土壤往下钻，钻到树根边，吸食树根液汁过日子，少则两三年，多则十几年，从幼虫到成虫要经过五次蜕皮，其中四次在地下进行。最后一次，是钻出土壤爬到树上蜕去干枯的浅黄色的壳才变成成虫。因此，蝉是几乎见不得天光的昆虫，虽然寿命很长，但是很少在阳光下生活，几乎一生都在黑暗的地下度过。尽管有几年不见天日的生活，一旦破茧而出，它们立刻成为季节的象征，从夏天到秋天，一直不知疲倦地用轻快而舒畅的调子，为人们高唱一曲又一曲轻快的蝉歌，为大自然增添了浓厚的情趣，赢得了"昆虫音乐家""大自然的歌手"等美誉。

在南半球有一种鸟，它的歌声比世界上其他生灵的歌声都更加美妙动听。但是只有当它找到一种荆棘树，落在长满荆棘的树枝上，让荆棘刺进自己的肉体，才能够歌唱。从离开巢窝的那一刻起，它就开始了寻找荆棘树的旅程，直到如愿以偿找到那种长满如针一样锋利荆棘的荆棘树。这时候，它就落下来，选择最尖、最锋利、扎进肉体最长的荆棘。它的身体被锋利的荆棘刺得血流如注，疼痛难忍，生命奄奄一息了，它才开始让所有会歌唱的鸟都自惭形秽的歌唱。一向自比"歌王"的云雀和夜莺，在它的歌声面前也黯然失色。不久，荆棘鸟的血流尽了，一曲美妙的歌声就戛然而止。然而，整个世界都在静静地谛听着，上帝也在苍穹中微笑着。所有听到歌声的人们都向荆棘鸟致以最后的敬意，因为大家都知道，最美好的东西，只有用深痛巨创才能换取。

听完这几个故事，我一直都在沉思。蜉蝣一定是知道的，它三年的孕育就为了三个小时的怒放。荆棘鸟也一定是知道的，它寻找荆棘树，就意味着寻找死亡，就意味着生命的结束，意味着承受连生命都承受不了的痛苦。可是，它们无怨无悔，一如既往，前赴后继，一代又一代演绎着生生不息的故事。

我在想，我愿意做这些让人敬重的生灵吗？我如果是它们中的一员，我愿意用几年的沉寂换取三个小时的怒放吗？我明知道要度过暗无天日的几年时间，还会一往无前吗？我肯为了美丽的歌唱去寻找荆棘树吗？找到了荆棘树，我肯落在荆棘刺最尖最长的荆棘树上吗？我不敢说。

但是，我知道有人愿意做蜉蝣，有人愿意做蝉，有人也愿意做荆棘鸟。所以，千百年以来，人类的长河中，也像神奇的动物世界一样，不断上演着震撼，不断上演着惊心动魄，不断出现生命的奇迹。

越过寂寞的终点

最近有一批早年发达的人接连犯了重大错误。我认为他们有一个共同的特点，就是都自以为很聪明。在他们的眼里，别人都是傻子，世界也是。所以，他们由开始耍小聪明到渐渐发展到对世界失去敬畏之心。

其实，世界上真正聪明的人，是那种对世界具有洞察力、目光如炬而又踏实肯干的人。

自以为聪明的人，从来都没有好下场。古今中外，没有例外。

我们的古人早就看到这一点了，《易经》"天行健，君子以自强不息；地势坤，君子以厚德载物"说的就是这个道理。成功没有他途，只有自强不息的勤勉与奋斗。人世间的最高原则，就是具备忠厚诚恳的品德。

世界没有捷径，人生也没有假如。投机的结果只有一个，就是无可挽回、万劫不复。当你以为能够把世界玩于鼓掌之中的时候，你正成为如来佛手中的泼猴。

有人问，怎样才能深刻？我说，你学会孤独了吗？你有没有常常独处，避开世人的目光，与自己的心灵交谈，听听自己内心的声音，让自己陷入沉思？还有，你是否学会了不再急于表白，不再急于证明，不再努力渴求他人的理解与认同？如果，你总是渴望着自己做的事情能得到别人的理解与赞同，把自己的价值建立在别人的价值观上，那么你就是浅薄的。如果你能做到坚持自我，一路前行，矢志不渝，目光如炬，整个世界都在你脚下，你就是一个大无畏的人了。

常常有朋友问我：你是怎样度过长期寂寞的时光的？我告诉朋友们：寂寞是一个成功者必须经历的阶段，正是这个阶段最能磨炼一个人的意志品质。有的人忍受不住寂寞的孤独，去寻求俗世的热闹，而沦为一个庸俗之人；有的人把寂寞作为通向未来圣殿的阶梯，享受着那份舍我其谁的孤独，一步一个脚印地走过一寸寸光阴，最终越过寂寞的终点，敲开成功之门。

我一直有一个绝不妥协的原则：每天凌晨4时起床，到早晨8时，这四个小时，只属于我自己。在这个时间段里，读我喜欢的书，思考我想要思考的问题，写我愿意写的文章，临我喜欢的书法名帖。我绝对不在这个时段中应付差事，更不在这个时段里做违心的事。几十年坚持每天在这四个小时里做自己，直到今天，我可以欣慰地告诉我的朋友们：一个人，如果每天有几个小时做自己喜欢的一件事，你将站在这个领域的制高点上。

一个人，生活在世上，如果没有能够独居的处所，是可悲的。这个处所，不一定是华屋广厦，即使是山间茅屋、乡野土房、小城陋室，都是一样的。重要的是，当你走进这个处所，不会有人来打扰，与世界暂时有了距离，你可以走进自己的内心，静静地谛听来自心灵深处的声音。

当一个人从喧嚣的生活中消失，当一个人坐在世界的对面，当一个人完全沉静下来，他就慢慢穿过了世界的一道道屏障，抵达心灵的最深处，也抵达真理的门前。沉默下来，这是走向深刻、走向彼岸的唯一的道路。但可悲的是，大多数人选择了浮躁和热闹。

在寂寞和孤独中反思自己，总结人生得失，找到自己的人生价值。

唤醒生命深处的能量

最近在一次文学讲座上，有一个读者问我：鲁老师，我坚持写诗、练习书画，可是，总是有人对我冷嘲热讽，我该怎么办？

我对这个青年人说："我年轻的时候与你一样，也坚持写作、学习书画，也有很多不同的议论，可是现在没有了。你知道为什么吗？"

青年人说："老师，你已经是知名作家了，当然不会有了，有的只是羡慕和赞美。"

我说："不对，议论也许还有。但重要的是，那些议论我已经听不到了，因为他们已经距离我非常遥远，他们依然在我出发的地方徘徊，而我已经抵达山顶！"

所以，明白了这一点以后，你要做的正如但丁所言：走自己的路，让别人去说吧。最重要的是，你要一直努力走到山顶。如果你半途而废，败下阵来，你就不仅会被别人看轻，还会成为别人的谈资和笑料。

我常常想到潜质这个词。

当走过了大半人生历程，有了丰富的人生阅历之后，我们会发现，其实我们拥有很多做事的能力，忍受苦难和屈辱的耐力，处于灾难时的精神意志，是连自己也不敢想象的。

事情过后，甚至才会后怕，自己当初竟然陷于那样恶劣危难的处境，一旦挺不住就会万劫不复。可是，自己却幸运地坚持住并挺了过来。

还有，做一件后来想几乎不可能完成的任务，凭借一己之力，竟然很圆满地完成了。

其实，道理很简单。困难没有你想象得那样大。还有，你的潜力，只有做了之后你才能知道。

我常常想，那些杰出的人物身上都有这样的共性：临危不惧，意志坚韧，相信自己。他们一旦选定了目标，就一往无前，把自己的潜质都挖掘出来，把所有的困难都踩在脚下。

我想，古人是早就发现了这个秘密的，所以有"置之死地而后生""大难不死，必有后福"的断语。而司马迁先生《报任安书》中的"盖西伯拘而演《周易》；仲尼厄而作《春秋》；屈原放逐，乃赋《离骚》；左丘失明，厥有《国语》；孙子膑脚，《兵法》修列；不韦迁蜀，世传《吕览》；韩非囚秦，《说难》《孤愤》；《诗》三百篇，大底圣贤发愤之所为作也"，正是对一个人潜质的最恰当的描述。

一个人适应环境的能力和忍耐苦难的力量是异常惊人的，一旦把自己置于那样的处境，爆发出来的力量，会不可限量。

所以，未能取得成功的原因往往是：怀疑自己的能力，犹豫不决，畏惧困难。一句话，是自己把自己吓倒了。

每一个人，都有不可预料的潜质，它隐藏在生命最深的地方，只有当生命几乎要陷于绝境之时，它才会被激活、被唤醒，然后爆发出不可遏制的能量。

在生活中，有很多人常常遇到这样的情况：多年不见，当初的同学、同事甚至是儿时的玩伴，已经功成名就，而自己依然故我。面临此境，自己大发人生感慨："他怎么取得了这样的成就？想当初，他各方面都不如我啊！"

很简单，人家一定是把自己的潜质都发掘出来了，而你却相反。

万事求自己

电视剧《人民的名义》里有一句经典的台词：如果你不做坏事，就没有人能坏你的事。这话发人深省。是的，如果我们问心无愧，又何惧之有？实际上，人们千百年前就总结出来了：不做亏心事，不怕鬼敲门！

我现在常常被问到这样的问题：怎样才能成功？

我说：你知道你曾祖父的名字吗？你知道你邻居家正在经历的艰难吗？你有一个可以持续一整年的严密规划吗？你能够每天为同一件事情持续地发力吗？

如果你能正确地回答上面的提问，那么你就已经接近成功的窗口。

我们常常看到这样的一些人，他们每天昂首挺胸地走在春风里，目光如炬，似乎从来不计较眼前、手边的一些小麻烦和小得失。因为他们有远大的目标，他们的眼光看的是千里之外，哪里会注意到眼前的沟沟坎坎呢？

相反，如果一个人对于人生的目标定位太低，或者根本没有什么目标，目光如豆，每天斤斤计较一些鸡毛蒜皮的小事，怨天尤人，庸人自扰。

阳光来自太阳吗？不。一个心灵阴暗的人，即使天天到太阳下面晒，他的心灵也不会充满阳光。而一个心态健康的人，即使天天处在暗室，依然心有阳光。

阳光来自我们的知识、学养、态度，具备了这些素质，我们的身心才会光彩照人。

有一句话说得好：假如成不了心态的主人，就必然沦为情绪的奴隶。

能够每天做自己的人是很少的，很多人每天要么重复自己，要么重复别人。

很多时候，求人是自讨没趣。因为轻而易举的帮助，对于你没有多大意义和价值。而能够改变你命运的机会，没有人会给你。这样的机会，只有通过自己的努力才能够得到。所以，一个人，尤其是年轻人，就应该尽早树立这样的理念：万事求自己！

法兰西的良心和尊严

说到法国，我们很自然想到的是罗浮宫、凯旋门、埃菲尔铁塔等历史建筑的寓意和壮美，想到的是法国人的浪漫和优雅，想到的是法兰西民族对不同文化和信仰接纳的宽广胸襟。但是，如果说到坐落在巴黎拉丁区的先贤祠，就很少有人知道了。

如果要真正了解法国，其他的都可以忽略，但不可以忽略巴黎的先贤祠。因为，恰恰是这座建筑，向我们展示了法国人的艺术价值观，展示了法兰西民族的精神取向。在这里，我们会发现，法兰西民族变得生动、丰满、可爱起来。

按照法国人的解释，这座建筑是用来供奉伟人的。建筑的大门采用古希腊神庙的样式，显得肃穆典雅而庄重，象征着至高无上的威仪。门楣上镌刻着的"献给伟人们，祖国感谢他们"，更加显示出它的尊贵和崇高。还有人说，这里供奉的是法兰西的良心和尊严。

如果仅仅从建筑外观上看，它还没有什么特别之处，很多国家都有这样的建筑，用来供奉自己民族的英雄。但是，当我们走进它的正殿，参观一圈以后，我们就不得不惊诧法国人的用心和细腻了。这里供奉的伟人有开国元勋，有共和国的缔造者，但更多的是法兰西民族的作家和艺术家！

看到那么多的作家和艺术家被供奉在这里，我们自然会想到法国文学的顶尖人物，以《人间喜剧》笑傲世界文学的巴尔扎克，以一部《红与黑》征服世界的司汤达，还有世界短篇小说之王莫泊桑。但是令人遗憾的是，这里没有他们。也就是说，他们在法国人的心目中还不是伟人级别的。

那么，什么样的作家、艺术家才可以成为法国人心目中的伟人？

卢梭是最早被供奉在这里的作家。法国人为卢梭选择了非常精美的棺木，棺木的正面有一扇门，门微微开着，里面有一只拿着一束花的手伸出来，象征着法国古典主义的巨人卢梭把自由、平等的思想永远带给法兰西。大概只有浪漫的法国人才会想出这样的创意。

伏尔泰也是很早就被供奉在这里，他同样因其文学作品中具有启蒙思想而受到法国人的尊敬。

以鸿篇巨制《悲惨世界》享誉世界文坛的雨果也被供奉在这里。但是，他能被供奉在这里，并不是源自他的文学巨著，而是因为他坚决反对拿破仑的政变，坚持自己的政见，即便回国以后也拒绝特赦的政治思想见地。很显然，在法国人的心目中，一个伟人，不能只有卓越的艺术建树，更重要的是他对于国家和民族的思想贡献。

还有很多我们所熟知的作家、艺术家没有被供奉到这里，但是也有很多在艺术上没有多少建树的作家、艺术家成为这里的主人，原因无他，就因为他们是思想和精神的巨人。

这让我很容易就联想起国内最近关于鲁迅是否是大师的争论。有一个青年学者以《鲁迅：被误读的大师》否定鲁迅，他的理由很简单，就是因为鲁迅很有可能成为一个文学巨星，但他竟然在这个时候放弃了小说创作，所以鲁迅在文学上是个半成品的大师。

我们不得不惊讶于这位青年学者关于大师的标准。按照他的逻辑，鲁迅如果放弃文学当作投枪匕首的功用，放弃文学号角和武器的功用，转而像林语堂、梁实秋、朱自清、徐志摩那样专心自己的文学创作，就能够成为一个文学大师了。

但是，我可以肯定地说，多一个那样的鲁迅，我们的民族不会增加什么光辉，我们文学的殿堂里也不会因此增加多少分量。相反，因为我们有了把文学作为投枪匕首的鲁迅，我们民族精神的大厦里才多了一根顶天立地的擎天巨柱。如果我们也效仿法国人建一个先贤祠的话，最有资格被供奉的是真正的鲁迅，而不是那位青年学者心目中的那个鲁迅。

信念的力量

　　鲁西南深处有一个小村叫姜村，这个小村子因为这些年几乎每一年都有几个人考上本科、研究生而闻名遐迩。方圆几十里以内的人们没有不知道姜村的，大家会说，就是那个出大学生的村子。久而久之，姜村不叫姜村了，"大学村"成了姜村的新村名。

　　姜村只有一所小学，每个年级只有一个班。以前，一个班只有十几个孩子。现在不同了，方圆十几个村，只要与村里人沾亲戚的，都千方百计地把孩子送到这里。人们说，把孩子送到姜村，就等于把孩子送进大学。

　　在惊叹姜村奇迹的同时，人们也都在问，都在思索，是姜村的水土好吗？是姜村的父母掌握了教育孩子的秘诀吗？还是有其他秘诀？

　　假如你去问姜村的人，他们什么都不会告诉你，因为他们似乎对于秘密也一无所知。

　　20多年前，姜村小学调来了一个50多岁的老教师，听人说这位教师是一位大学教授，不知道什么原因被贬到了这个偏远的小村子。这位老师教了不长时间以后，就有一个说法在村里流传：这个老师能掐会算，他能预测孩子的前程。有的孩子回家说，老师说了，他将来能当数学家；有的孩子回家说，老师说他将来能成为作家；有的孩子说，老师说他将来能成为音乐家；有的说，老师说他将来能成钱学森那样的人，等等。

不久，家长们又发现，他们的孩子与以前不大一样了，他们变得懂事而好学，好像他们真的是成为数学家、作家、音乐家的材料了。老师说会成为数学家的孩子，学习数学更加刻苦；老师说会成为作家的孩子，语文成绩更加出类拔萃。孩子们不再贪玩，即使不像以前那样严加管教，他们也都变得十分自觉。因为他们被灌输了这样的信念：他们将来都是杰出的人，而贪玩、不刻苦的孩子成不了杰出人才。

家长们很纳闷，也将信将疑，莫非孩子真的是大材料，被老师道破了天机？

就这样过去了几年，奇迹发生了：这些孩子参加完高考，大部分都以优异的成绩考上了大学。

这位老师在姜村人的眼里变得神乎其神，他们请这位老师看自家的宅基地，预测自己的命运。可是这位老师却说，他只会给学生预测，其他的不会。

后来，这位老师年龄大了，回到城里，但他把预测的方法教给了接任他的老师。接任他的老师还在给一级一级的学生预测着，而且他们坚守着老教授的嘱托："不要把这个秘密告诉给村里的人们。"

我的几个好朋友都是从姜村走出来的。他们说，自从考上大学的那一刻起，对于这个秘密就恍然大悟了，但他们又都自觉地保守这个秘密。

听完这个故事，我被这位可敬的老师深深地感动了。人世间还有什么力量能超越信念的力量呢？他通过中国最传统的方式，在这些幼小的孩子的心灵里栽种了无比宝贵的信念啊！

一支笔闯天下

汪曾祺是当代作家、散文家、戏剧家，京派作家的代表人物，被誉为抒情的人道主义者，中国最后一个纯粹的文人，中国最后一个士大夫。

但是，汪曾祺先生年轻的时候，曾经经历过一段窘迫的日子。他在西南联大毕业后沦落到上海，找不到合适的工作，没有了经济来源，生活十分困难，就给自己的老师沈从文先生写信诉苦。沈从文先生十分生气，回信斥责道："你有一支笔，怕什么！"

这话，今天读来，依然让我震撼！想想26年前，还是青年的我离开故乡，与父亲告别时，他担心地说："你去大城市发展，如果找不到工作，怎么吃饭？"

我坚定地对父亲说："我有一支笔，怕什么！"

一支笔，是一个有志青年敲开成功之门的钥匙，是一个文化人找到金山、金矿的路径，不仅可以养家糊口，而且可以抵达文学的殿堂！

其实，沈从文先生这样斥责自己的学生汪曾祺，是有理由和底气的。因为他自己青年时期，也正是靠一支笔闯荡京城，为自己找到饭碗，并最终走出自己的辉煌世界来的。

沈从文仅仅有高小毕业的文凭。他12岁就被送到军中学习军事，15岁就已经作为一名正式的军人转战湘西的丛林了。

1922 年夏天，20 岁的沈从文决定离开湘西到北京当作家。他告别了军队，搭上去北京的列车。来时军需处给他的 27 元钱，还没有到北京就花光了。在武汉，一位军人借给他 10 元钱。到了北京的时候，他身上仅剩下 7 元钱了。此时他的大姐沈岳鑫和姐夫田真一也在北京，他就去找他们。姐夫问他："你怎么到这里来了？"沈从文说："我来寻找自己的理想。"姐夫十分惊诧："寻找理想？什么理想？"沈从文说："想读书，写文章，当作家。"姐夫听完十分钦佩，赞赏地说："很好，很好，人家带了弓箭药弩到山中猎取虎豹，你赤手空拳带着一脑壳幻想，仅仅带着一支笔，来北京做这份买卖。我告诉你，既为信仰而来，千万不要让信仰失去！因为你除了它，什么都没有。"

姐姐和姐夫不久就回湘西了。年轻的沈从文，开始了他在北京仅仅依靠一支笔为寻找理想而闯荡的人生历程。

他首先报考了燕京大学二年制国文班，但他仅仅具有高小毕业的文化水平，考试时一问三不知，结果人家连报名费都退给了他。同班考试的人和老师对他说，你赶快回家吧，这做学问的事不是想做就能做的。而更可怕的是，此时他的经济来源已经完全断了，他陷入了生活困境。他问自己："我怎么才能实现我的信仰呢？考不上，我就自学。没有饭吃，就卖报纸，帮别人做小工。总之，我不能退缩。"他在银闸胡同租了一间由储煤间改造成的又小又潮的房子，房子仅能放下一张小床和一张小木桌，沈从文称之为"窄而霉小斋"。因为房子很小，他微薄的收入除了吃饭还可以应付得了。他很高兴，相信自己又可以为了自己的信仰而奋斗了。他白天去京师图书馆读书，傍晚去街头卖报，晚上在自己的斗室里伏案写作。北京的冬天很冷，他没有条件生火炉，就坐在被窝里写。尽管艰苦的生活和恶劣的条件对于只有 20 岁的沈从文来说困难太大了，但那个神圣的信仰在鼓舞着他、激励着他，他不仅没有被困难吓倒，反而苦中有乐。他读了很多书，写了很多文章，但文章投出去却都石沉大海。

这样的状况持续了两年时间。他开始怀疑自己，难道自己真的不是搞文学的材料吗？他给当时的知名作家郁达夫等人写信，陈述自己对文学的信仰和苦苦追求的艰辛。不料他的信还真引起了郁达夫的注意，当时已经名满文坛的郁达夫去看望了几乎濒临绝境的沈从文。这个湘西青年对文学的信仰和当下生活的艰难强烈地震撼了郁达夫，他回去立即写成了那篇著名的《给一位文学青年的公开状》。自此，中国文坛上诞生了一段传世佳话，一位世界级的文学大家开始走上文坛。郁达夫的关注使得天资聪颖、生活阅历丰富、有一定文学积淀的沈从文很快名满京华。

多年以后，沈从文在回忆自己的那段经历时激励后人：一个人只要有坚定的信仰，各种生活的困难就不足为虑。

火把

　　我的眼前，始终有一支熊熊燃烧的火把。

　　其实，我从来都没有觉得自己多么聪慧，我甚至认为自己比一般人还要愚笨。可是，我有梦想，所以我就把自己交给时间。我对自己说：我要终生负轭前行！我坚信，只要我孜孜不倦，大门自会在我面前展开。中年以后，我发现，这并不是一个秘密，歌德、鲁迅和雨果，年轻时都有过这样的思索。

　　我知道，我已经走进了一条神秘幽静的胡同，前面是我崇敬的人早已点燃的不息的火把。我深深陷于无边的期待与思念之中，我相信这便是罗丹那个伟大的预言：这痛苦，正好体现着我们人类所负荷的遗产——对伟大未来的期望与对故土深深的思恋。如果没有这期待与思念，哪有人生的壮阔与美好？

　　成功的秘密也许有很多，但一定有一条是：脱下你所有的外壳，扔掉你所有的虚荣，像破茧的蝴蝶展翅飞翔在自由的天空。

　　"创造你自己的生活！"这句话一直鞭策着我。我从不自负地躺在过去所谓的功劳簿上，而是不断地与自己的昨天告别，每一天的凌晨都从新的起点出发。中年以后，我惊奇地发现，世界所有的大门，都訇然洞开。

　　有人问我最看重什么？我最看重的，是能够凭自己的眼睛看世界，凭自己的能力选择人生方向，无须看他人的喜好，无须仰人鼻息，更不必依靠权力的支撑，能真实地、快乐地行走在充满希望的道路上。

从很年轻的时候起，我就这样认为，只要是我自己选择的道路，只要是我矢志追求的目标，即使最后证明是错的，也没有遗憾。因为它同样记录着我人生道路上的曲折与抗争，痛苦与挣扎。幸运的是，中年以后，当我看到满园的累累果实，我才知道我毕生追求的道路没有走错，我已抵达梦寐以求的彼岸。因此我常常告诫青年朋友：认准了一条道路，就不要回头，一直往前走！

无论身处哪里，我都把真诚交给所有视我为兄弟的人，我也因此赢得了更多的真诚。我的文字和墨迹走近了越来越多的读者与朋友，无论是思想还是墨汁，都是我生命的延伸，它们是我从内心走向世界的船只。

1993年，著名爱尔兰剧作家萧伯纳访问中国，鲁迅在上海接待他。他对鲁迅说："人们都说你是中国的高尔基，但是，高尔基不如你漂亮！"鲁迅幽默地回答道："我更老时，还会更漂亮！"鲁迅风趣的回答充满智慧，但更来自他深厚文化素养的底气，这是任何外在的容颜都无法比拟与超越的。

我眼前的火把一刻也没有熄灭过……

拆掉你的帐篷

尼采认为，人生是一场实验，每一次实验，无论成败，都会化为自己的血肉，成为人生的组成部分。

对此，我坚信不疑。只有不断探索、不断追求的人，人生阅历才会越来越丰富。不论成功还是失败，所有的经历，最后都成为他人生大厦的一砖一瓦。

所以，每一次我在为青年进行讲座时，最后都这样告诫青年朋友：当你感觉周围的空气压抑时，就应该拆掉你的帐篷，随时准备出发。

我少年时在乡村，每年麦收过后，都会捡拾到不少成熟却被遗漏的麦穗。青年时期，我成了时间之田的捡穗者，我把每一天不起眼的角落和片刻，都捡拾到自己的书桌边，把它们变成了自己人生的果实。中年以后，我成为历史长河岸边的拾穗者，思想圣殿门口的聆听者。在那里，我聆听到了历史的天籁之声。

每一天从凌晨起，我就开始自己多年如一的工作：把每一个时间的片段变成美丽的文字和艺术，最后又集合成一卷卷著作，这些作品走上无数朋友的书桌，走进一座座图书馆，与一个个宏伟圣殿中我仰慕的人物一起，将自己的思想凝固成历史的永恒。

不论怎么化妆粉饰，岁月的年轮，都会渐渐爬上你的额头，染白你的双鬓，苍老你的容颜。但是，我们的心灵，却可以对衰老说

"不"！心灵年轻不仅让人可以保持青春的活力，甚至可以永葆童心。这样的例子有太多太多，而且大多是卓有建树的人物。

每当我看到一个青年人双眸中满是忧郁和茫然，我就知道，一个鲜活的生命已经过早地枯萎了。一个青年人的眼睛里，闪烁的应该是明亮、清澈、意气风发。我对青年朋友最常说的寄语是：灼灼其华，整装待发。有大好的年华在手里，忧郁什么，担心什么，怕什么！

我一直崇敬爱因斯坦，不仅仅因为他获得了诺贝尔奖，建立起相对论，也因为他拥有敢于抛弃一切浮名之累的人生态度。他曾经说："每一件财产都是绊脚石。"因此他把所有的财产都捐献了出来，他说："不能因为这些东西让自己的生命枯萎。"1952年，第一任以色列总理胡里安曾提议由爱因斯坦担任以色列总统，但爱因斯坦却婉拒了这一提议，他表示自己年事已高，还是想从事科学研究，对从政毫无兴趣。

我年轻的时候，对故乡有一个庄严的承诺：等我踏遍世界寻找到最美的珍珠，等我追回失去的每一段时光，等我完成艰辛的使命，我一定要成为故乡大地上的一支熊熊燃烧的火把，照亮故乡的每一寸土地！

我从来都不相信自己会衰老，即使白发已经爬上了我的鬓角，我仍确信自己的心灵依然生机勃勃。因为，我还有那么多的庄稼没有收割，还有很多的高山没有征服，甚至还有很多荒芜的土地，等待着我去开垦和播种。

师生盟约

　　略懂书画艺术的人，大约都知道在中国近百年的画坛上，漫画家、散文家丰子恺与恩师弘一大师的《护生画集》盟约，可以说是一个持续了几十年的师生佳话。丰子恺用毕生精力坚守的这个盟约，即使已过去几十年，如今依然让人慨然心动，心生敬仰。

　　丰子恺是我国新文化运动的启蒙者之一，是受人敬仰的漫画家、散文家。他的绘画和文章在几十年沧桑风雨中保持一贯的风格：雍容恬静。早在 20 世纪 20 年代他就出版了《艺术概论》《音乐入门》《西洋名画巡礼》《丰子恺文集》《丰子恺散文集》等著作。他一生出版的著作合计 180 多部。

　　1914 年，丰子恺考上了浙江省立第一师范学校。在这所学校里，丰子恺结识了对他一生产生重大影响的老师李叔同。李叔同不仅给予他音乐和美术上的启蒙，也在为人处世上为他做了榜样。李叔同出家为僧后，丰子恺也跟随恩师皈依佛门，再做弘一大师的佛门弟子。

　　李叔同是"二十文章惊海内"的大师，集诗、词、书画、篆刻、音乐、戏剧于一身，在多个领域开中华灿烂文化艺术之先河。1918 年 8 月 19 日，李叔同在杭州虎跑寺剃度为僧，从此皈依佛门。

　　1928 年，弘一大师五十整寿。为了恭贺恩师寿诞，31 岁的丰子恺别出心裁地想出一个主意：画 50 幅画组成《护生画集》，请恩师在每一页上题字。师生共同完成画集之后，他又对恩师说，自己还要画《护生画集》第二集，那将是 60 幅作品，祝贺恩师的六十整寿；然后，每十年增加一集，第三集 70 幅，祝贺恩师七十大寿；第四集 80 幅，祝贺恩师八十大寿；第五集 90 幅，祝贺恩师九十高寿；第六集是 100 幅，祝贺恩师百岁！

从 1928 年开始，在丰子恺的心中有了这个神圣无比的盟约，他以此向恩师，也向世人表达自己对恩师的尊敬与钦佩，也是他借此请恩师指点的契机。

到了 1931 年冬天，尽管弘一大师刚过 50 岁不久，但是，敬师心切的丰子恺已经提前完成了第二集 60 幅作品的《护生画集》。他把作品拿给恩师看，恩师非常高兴，在每一幅作品上题字。而丰子恺创作完成的《护生画集》也成为当时中国画坛的一件盛事。

可是，十几年后，当丰子恺准备要画第三集为恩师提前庆祝七十大寿的时候，让他敬仰的恩师突然在 63 岁的年龄溘然去世了。

悲痛欲绝的丰子恺在痛悼恩师的同时，依旧没有忘记师生的盟约。他暗自决定，即使恩师不在人世了，他依然要信守盟约，坚持画完当初约定的全部六集《护生画集》。而他从恩师仅仅 63 岁的年龄遽然离世的现实中，自己也隐隐多了一分担忧。他想，自己不能再按照原来的十年画一集的计划按部就班地完成了，要抓紧时间，趁自己身体还好的时候完成夙愿，不能给师徒盟约再留下遗憾。

弘一大师在世的时候，丰子恺把《护生画集》看成是送给恩师的寿礼；弘一大师圆寂之后，丰子恺把它看成是对恩师的怀念。丰子恺没有给自己，也没有给恩师留下遗憾。

按照每十年增加一集的约定，他提前悄悄地画完了全部作品。在恩师百年冥寿的时候，人们不仅看到了 100 幅作品的第六集《护生画集》，而且看到了全部六集作品。唯一的遗憾是，后来的四集没有了弘一大师的题字。而此时，丰子恺先生已经离世四年了。

坚守一个盟约，贯穿一个人的一生。这是一份重于泰山的承诺，其中有生者的遗憾，有逝者的欣慰，更有万般的苍凉与辛酸。我们读罢这则故事，内心涌起的不仅仅是对生命苍凉的感佩，更是被那份坚守中的温暖与守望所感动。

洗心无俗情

不久前，我应邀回故乡的中学做讲座，我看到主席台上悬挂着巨大的横幅，写着"青年作家"。我知道这是故乡的人们以为我还不老，然而我离开故乡已经 30 多年，年过半百，哪里还有青年的影子？事实上，我已经人到中年，隐隐听到了暮年的钟声。只是，我依然在为梦想而努力，因为我记得晚年雨果的诗句："我是铁石心肠的收割人，拿着宽大的镰刀，沉吟着，一步一步，走向剩下的麦田。"

明朝文人黄端伯说"洗心无俗情"，意思是说经常把心洗干净，就不会庸俗了。怎么洗心？我们身处尘世，挂心油盐酱醋茶，身染七情六欲，心灵被尘俗覆盖、污染、蒙蔽是肯定的。这就要求自己常读书、品茶、听琴，与智者交谈，自然会有所领悟，这也就是洗心了。

萨特说："永远希望着，但不打扰别人的希望。"我一直得到哲人的启迪，并作为自己的准则，坚守着自己的梦想和憧憬。我不打扰别人，也不阻拦别人，甚至主动为同一方向的青年人让路，助他一臂之力。

每天的清晨，霞光还没有出现在东方的天际，我的书桌旁早已留下我日课不辍的身影。而且我知道，在世界的很多地方，有很多同样闪烁着灯光的窗口，有无数胸有壮志的兄弟，正与我一起，奔赴美丽的未来之旅。

一个人的学问越大，越要谦逊平和，因为学问永无止境。做学问的人，越往深处钻研就越会发现，自己需要学习的东西太多太多。这正如培根所说："世界上种种快乐都可以达到饱和，只有学问不能。"

美国作家梭罗说："资源就在附近。"这应该让所有心有壮怀的人警醒。资源在自己的手上，在自己的书房里，在你目光所及的地方。任何一个人，都应建立足够的自信，利用自己的资源，走好自己的人生路。如果你连自己都照管不好，必须躬身自省。

我常常遇见一些愤世嫉俗的人，他们一面谴责时代，一面说自己怀才不遇，遭受了这样或那样的不公。我说，只有一种可能——你的努力远远不够！如果你了解那些成功者的付出，你就会为自己的肤浅而自惭形秽。

我最憎恶的品质是虚伪。那些格调不高、缺乏学养的人不过是平庸无为罢了，但并不令人生厌。而虚伪则是一无所知却假装有才学，庸俗不堪却冒充高雅。因而，虚伪就是人格的骗子。

我从来不谴责时代。在我看来，如果时代有弊端，我们每一个人都要承担责任，难道谁可以说自己不是时代的一分子？我深深地热爱着自己的家乡，在我看来一个连家乡都不爱的人，爱祖国就是一句虚假的空话。我也深爱着我们这个时代，愿意与时代同呼吸共命运。

十步之内必有芳草

我一直庆幸自己成为一个自由写作的人。一个写作者的幸运，是用瑰丽的语言为自己构筑一个诗意的世界，把哲学引入世俗生活，而且有能力让自己生活在烦乱的现象之外。

文学家是能够静观世界的人，通过静观方能不断有所领悟，不断有所心得，不断获得生活的智慧和滋养。

文学家总与世界上的一切保持着亲近，爱自然、爱人类，爱心使他拥有了无边的温暖。他又因为爱心不断获取创作的灵感，逐步成为一个超凡脱俗的人，成为一个伟大的人，成为一个富有诗意、富有情趣的人。

最难得的是，文学家总是精神富足。对于一般的人来说，清净、安心、星空、宇宙，看起来是那么遥远。但是，一个文学家，却时刻生活在这些不同的物象中，享受着常人难以企及的人生境界。

文学家，一生都在努力寻找着神奇的景象，并渴望把这神奇的景象化为自己的文字，让世界上所有的人们都能常常感受自然的神奇与美丽。

我每一次去海边，都能够遇到推销海螺的小商贩，他们总是这样说：你把海螺贴近耳朵，仔细听，就能听到大海的声音——海浪拍打沙滩的有节奏的轰鸣声，果然排山倒海般袭来。

文学家的职责，就是要把生活的"海螺"送给每一个人，让每一个人都能听见人生的潮音。每个海螺，都有一个与大海息息相关的故事。每个贝壳，都有过孕育珍珠的梦想。每个人，都有过曲折离奇的人生经历。

一场雨来了，在文学家的眼睛里，看到的是满世界流淌着甜美的甘霖，是农人的期盼，是土地的福祉。可是，在有的人眼睛里，看到的却到处是污浊的泥泞。

一个达到一定境界的写作者，一定为自己建立了一个心灵的王国。在这个王国里，他统领着自己的世界，驾驭着文学的千军万马，构建着自己的宏伟殿堂。

在文学家的眼里，挫折是人生的财富，逆境是成功的阶梯，陷害是生命的历练，幸运与不幸只是一墙之隔的邻居。所以，不论什么样的人生困境，都不会让一个有情怀的文学家屈服。一个易被生活打垮的人，本来也不属于精英阶层，今天不被别人打垮，明天他也会被自己打垮。

我们总是在取舍之间徘徊，总是在得失之间选择，每一天都有进与退的犹豫。其实，当我们懂得了放下，我们会拥有更辽阔的世界；舍弃了之后，我们会得到更多。

一个胸有诗书的人，十步之内，必有芳草。

安身立命

　　杨绛先生在她的散文里常用一句话："笑得很乐。"想想我们每一天，也会笑很多次，但是我们是否都像杨先生所说，每一次笑都是发自内心的快乐？

　　有人问赵州和尚："怎么才能得佛？"

　　和尚说："喝茶去！"

　　自然而然地去做喜欢的事，这不正是最深的禅意吗？

　　山川无语，但却无时无刻不昭示着宇宙的奥秘。自然界有胜利与失败吗？没有。没有胜负，只有更替与轮换。春天让位于夏天，夏天让位于秋天，秋天又让位于冬天，冬天之后呢？春天又回来了，重新开始一个轮回。

　　人难道不也是这样吗？谁会是永远的胜利者？谁又会永无出头之日？"十年河东，十年河西""君子之泽，五世而斩"，说的不都是这个道理吗？

　　我少年时期生活在乡村。在村南边方圆两公里便是一片大洼地，周边有三个很大的苹果园，村东有一片很大的枣树林。我们家族大，爷爷亲兄弟六人，和我年龄接近的堂兄弟有十几人，我们每天放学之后都会到这些林子里去，总感觉林子里面有很多未知的秘密。周末的时候，一直待在林子里。现在想来，这些经历，对于我的创作，不只是简单的童年往事，还在那时养成了对于未知的神秘世界好奇探索的习惯。这种习惯，一直到今天，依然是我人生事业的巨大的动力。

世人都以为苏轼的天才全靠天赋，却不知他何其勤奋。他晚年时曾对弟子王古说："我每读一部经典，都将其从头抄到尾。"

苏轼被贬官至黄州后，朋友朱载上去看他。朱载上在客厅等了很久，苏轼才出来。苏轼说："我刚才在做每天的功课，没发觉你来了。"朱载上问："每天的功课是什么？"苏轼说："抄《汉书》。"朱载上惊问："您还用得着抄书吗？"苏轼回答："这是我第三次抄《汉书》了。开始一段事抄三个字，后来一段事抄两个字，现在一段事抄一个字。"朱载上说："把您抄的书给我看看呢？"苏轼立即取出一册抄书给他。朱载上一点也看不明白。苏东坡说："请您说一个字。"朱载上就随便挑了一个字，苏东坡立马背出数百字，无一差错。

朱载上对儿子朱新仲说："比我们优秀的人还比我们更努力，我们有什么资格不勤奋呢？"

诗人食指，以一首《相信未来》享誉中外诗坛。他曾说："我不能想钱，我要是想钱，我的诗里就带出钱来了！"他这句话，这些年来始终在我的耳边飘荡。

一位青年朋友在微信里对我说："老师，怎么才能像您一样把文学和书画都做好？"我说："确立目标之后要专心致志、心如磐石，勇敢坚定地向着目标前进，一直前进。"

中国人常说"安身立命"，就是有个职业，成个家吗？不是，不能这样简单地去理解。依照我的理解，"安身立命"是指与我们所处的世界和谐相处，红尘相安。

我们也常常听说"看破红尘"，也就是说看透我们所处的世界。可是，反过来呢？被红尘看破呢？这样一想，不免惊出一身冷汗：我们是否早就被世界看穿了呢？而我们却往往还在故作高深、自以为是？

建造自己的房子

当我们在为一个企业、组织或者国家做事的时候，我们是否会像给自己做事一样尽心尽力呢？

有这样一个有趣的故事：一个上了年纪的木匠准备退休了。雇主很感谢他服务多年，问他能不能再建最后一栋房子。木匠答应了。可是，木匠的心思已经不在干活上了，干活马马虎虎，偷工减料，用劣质的材料随随便便地把房子盖好了。完工以后，雇主拍拍木匠的肩膀，诚恳地说："房子归你了，这是我送给你的礼物。"

木匠惊呆了。如果他早知道是在为自己建房子，他一定会用最优质的建材、最高明的技术，然而现在呢，却建成了"豆腐渣工程"！可是，一切都已经来不及了。

我们每个人都可能是这个木匠。每天，我们砌一块砖，钉一块木板，垒一面墙，最后，我们发现，我们居然不得不居住在自己建成的破房子里。可是，到这时，一切都已经注定，我们已经无法回头了。这就是人生，充满了遗憾和嘲弄。

再也没有比"我只是为别人在工作"这种观念更伤害我们自己的了。人生中最重要的事，就是及早认识到我们是自己命运的播种者。我们今天所做的一切，都会在将来影响自己的命运。种瓜得瓜，种豆得豆。几分耕耘，就有几分收获。

认识到我们是在为自己工作，意味着自我负责和自我激励。一个人只有对自己负责，激励自己进步，才能掌握自己的命运。这是最根本的问题。如果我们不愿意对自己负责任，不愿意督促自己进步，那将不会再有力量能使我们在这个社会上站稳脚跟了。有些人做事得过且过，做一天和尚撞一天钟，整天混日子。他们的心思没有放在工作上，只有在老板面前才会装装样子。有些人看上去忙忙碌碌，可是并不是真正地用心，只是用这种忙碌的假象欺骗自己。有些人见了责任就躲，不肯多做一点事。有些人无法面对挑战，自己给自己设限，认为自己这也做不了，那也做不了，遇到稍微有些难度的工作，自己就先打退堂鼓了。

没有付出，当然不会有回报。无论你对所处环境、工作、老板、同事有再多不满意，你也应该知道，你的所作所为，是为了你自己，而不是为了别人。这是我们自己的工作，自己的人生，一切恶习，最终伤害的只能是我们自己。你能伤害到别人吗？不能！你不努力，你的老板可能受损失，但是你失去的更多！你失去了获得充实美好的人生的机会。

不论我们处于何种境地，实际我们都是在为自己工作，我们时刻都在建造自己的房子。如果明白了这一点，命运也就握在了自己手中。

三次落榜的雕塑家

　　罗丹是著名的法国雕塑家，他善于用丰富多样的绘画性手法塑造神态生动、富有力量的艺术形象。罗丹生前做了许多速写，别具风格，并著有《艺术论》传世，他的创作对欧洲近代雕塑的发展有着巨大的影响。罗丹在欧洲雕塑史上的地位，正如但丁在欧洲诗歌领域的地位。罗丹和他的两个学生马约尔和布德尔，被誉为欧洲雕刻的"三大支柱"。但是，就是这样一位杰出的艺术天才，他青年时期却连续三次被巴黎艺术专科学校拒之门外，并获评价："此生毫无才能！"

　　罗丹生于一个贫穷的基督教家庭，父亲是一名警务信使，母亲是穷苦的平民妇女。罗丹从小喜爱美术，其他功课却很糟糕。在姐姐玛丽的支持下，失望的父亲勉强同意把他送进不用考试就可以进入的巴黎美术工艺学校，让他学习装帧艺术和制图。在这里他遇到了终生敬仰的启蒙老师勒考克。勒考克是一个普通的美术教员，但他从一开始就鼓励罗丹忠实于真正的艺术感觉，而不要按照学院派的教条去循规蹈矩。也许正是这种教导影响了罗丹的一生。在学习期间，他常去卢浮宫临摹大师的名画。由于买不起油画颜料，罗丹转到了雕塑班，并从此爱上了雕塑。后来，勒考克又介绍他到当时法国著名的动物雕塑家巴耶那里去学习，使他受到良好的基础训练。在完成三年艰苦而勤奋的学习后，罗丹踌躇满志，准备报考巴黎美术学院。勒考克把罗丹介绍给当时著名的雕塑家曼德隆，让他作为推荐人在罗丹的入学申请书上签字，但最终罗丹还是落选了。第二年依然落选。第三年，一个老迈的主持人在罗丹的名字旁边干脆写上："此生毫无才能，继续报考，纯属浪费。"就这样，未来的欧洲雕刻巨匠，竟被巴黎美术学院永远拒之门外。他们认为像这样不能按照正统的学院派技法创作的人是不会成才的。

但他的恩师勒考克不以为然，他鼓励罗丹说："你认为米开朗基罗需要进美术专科学校吗？"

罗丹后来重新回到勒考克身边，在恩师的帮助和支持下，他开始了边工作边自学的奋斗生涯。雇不起模特，他就请一个塌鼻的乞丐给他当模特。罗丹在这个模特的脸上，看到了人类所共有的愁苦和凄凉，同时他也想到了那位终生辛苦劳作的雕塑大师米开朗基罗。在罗丹的眼中，生活的美丑和艺术的美丑有了不同意义。他创作时不只表现作品的表面，还将其所要展现的思想内涵融入作品中，使雕塑艺术成为一种强有力的语言。这一艺术思想正是大师米开朗基罗在晚年苦苦追求的，300多年后第一次在罗丹的艺术作品《塌鼻男人》中得以成熟展现，并贯穿其一生，成为艺术的灵魂和魅力的源泉。

罗丹不仅是一位雕塑大师，同时也是一位伟大的老师。他的学生或者助手，哪怕仅仅有过交往，都在艺术上深受罗丹的影响。但作为老师罗丹从不在艺术观点上束缚他们，因此他的学生们都能因为具有自己的独特风格而脱颖而出。

罗丹一生没有经过正统的美术和雕塑教育，他的创作始终与学院派格格不入，但是他相信自己的天分，始终以顽强的毅力追求着自己的艺术感觉，终于登上米开朗基罗之后的又一高峰。

山谷的回声

一个人如果没有学会赞美别人，就不可能得到别人的赞美。

有一个很有意思的故事：一个小孩子因为自己的一个要求没有得到母亲的满足，便生气地对母亲说："我恨你。"母亲听了很生气。孩子害怕了，自己跑到了山腰上对着山谷大声喊："我恨你，我恨你。"山谷马上传来悠远而洪亮的回声："我恨你，我恨你。"小孩子吓坏了，他以为自己是受到了惩罚，马上跑回家对妈妈说，在山谷里有一个小孩对他喊"我恨你"。妈妈把他重新带到山腰，告诉他喊："我爱你。"孩子照着妈妈的话做了，山谷立刻传来洪亮的回声："我爱你！"孩子十分疑惑。妈妈告诉孩子："你恨别人，别人就会恨你；你赞美别人，别人就会赞美你。"

为什么要赞美别人？想想我们的一生中，有哪些事情我们能够离开他人的帮助独立完成？答案是，没有。我们早上拧开水龙头洗脸，自来水是水厂的工人劳动的成果。我们一日三餐，食材是辛辛苦苦种的粮食蔬菜。我们每天走在宽阔的马路上，路面是筑路工人的劳动成果。我们住的楼房，也是建筑工人辛辛苦苦建造而成的。所有我们拥有的一切，有哪一样是能够离得开别人呢？

当然，自己的成就是自己付出心血的结果，但那也是别人给你创造了基础条件。你每天都要吃饭、穿衣、睡觉、走路、喝水，这都是你做事情的前提。

最明显的例子莫过于足球队。一支足球队 11 个人上场参加比赛。再优秀的前锋，能够独立进球吗？不可能。进球是基于中场队友的抢断和前卫队友的输送，最后由前锋完成临门一脚。所以，我们听到记者在采访进球的前锋时，前锋常说：进球是全队配合的结果，是全队努力的结果。这不是谦虚的托词，事实的确如此。即使你的进球与守门员无关，与后卫无关，他们的作用同样十分重要。你进了再多的球，如果守门员和后卫不尽心尽力，对手踢进更多的球，赢得了比赛，你的进球就失去了意义。所以，当一支球队获得了胜利，不论是进球的前锋还是其他人，都应该学会赞美整个团队，而不是归功于某个人。

　　赞美别人是一种艺术，它需要你敏锐的洞察力，需要你平和的心态，需要你宽广的胸怀和雅量，它体现出来的是你无私的风度和修养。任何一个人都有被关注、被赞美的渴望，任何人都希望自己的劳动得到理解和尊重。

　　如果你学会发现别人的优点，适时赞美别人，你会发现，在日常接触中所产生的各种不快和矛盾都如春风化雨。大家都因你的真诚而感动，你自己也得到了更多的赞美，沐浴在温暖的友情之中。同时，你也能感受到你所处的世界是那么和谐与温暖。

　　山谷的回声是公正而真诚的，你发出去的是赞美，赞美就加倍地回来了。

生机勃勃的山岗

　　在辽阔的鲁西南大平原上，只有这几十里纵深的山区，是鲁西南最为闭塞和贫穷的地区。土岗村很小，就在山区的腹地，四个方向距外面的世界都有 20 多公里，没有公路，全村只有 200 多人。

　　有一件难事一直困惑着当地教育主管部门。因为村子小，人口少，学生少，又与别的村子相距较远，没有办法与别的村子联合办学。初中的学生可以到远一些的学校走读，但小学的孩子呢？建学校的困难很多，同一个年级的孩子一般只有三两个人，村子很贫穷，也建不起校舍，再说谁愿意到这里来当老师呢？但是孩子总得上学读书。村民们利用农闲在村后的山岗上建了一座土房子，围了一圈院墙，算是有学校了。那么，老师呢？一个教室里五个年级，人数最多的班级也只有四个学生，不可能派几名老师来，那么谁愿意到这里来同时担任五个年级的老师呢？教育主管部门开始想的办法是实行轮流制，老师一个月轮换一次，结果由于教学缺乏连贯性，教育质量很差。这样持续了几年的时间，因为没有更好的办法，土岗村的小学只是这样勉强维持着，学生有半数的流失率，建校以来只有两人升入初中。

　　后来，有一天到了月底该轮换老师的时间，来了一位说普通话、漂亮的年轻女老师。这自土岗村建校以来还没有过。村民们打听到老师是从北京来的大学生，是下来调查实习的。几天以后，村民们也就平静了，他们都认为本县的老师一个月还要轮换一次，这个北京来的女老师能坚持十天就不错了。

时间一天一天过去，快一个月了，漂亮女老师还没有走。村民们也不奇怪，反正走是早晚的事，只不过是早走几天晚走几天罢了。直到两个月过去了，女老师还没有走，村民开始奇怪起来。后来，更奇怪的事情又接连发生了。女老师自己买来了水泥和涂料，让村民们帮忙把教室和自己住的那一间土房子重新修整粉刷了；她还买了一些激励学生学习的名人名言贴在教室的墙壁上；她又托人从山外的集市上买来了几件家具，大有长期住下去的样子。村子里的几个女青年和女老师熟悉起来，一问才知道，女老师来自北京，是北京师范大学的学生，是一对教授夫妇的独生女儿。

女老师在这里居住的困难显而易见。没有水，没有电，一个人独住山岗。到了晚上，村子和学校就消失在了苍凉的丘陵之中。但人们发现，女老师对于困难似乎并不在意。她始终是一头飘逸的长发，穿着艳丽的衣服，脸上洋溢着快乐的神情。对于土岗村来说，她不仅仅是一位老师。在她的影响下，女人们的穿着讲究起来，男人们也变得勤快起来。人们还了解了许多过去闻所未闻的事情，似乎土岗村的一切在不经意间都因为女老师的到来而改变了。更重要的是，女老师完全融入土岗村人中间。对于土岗村的一切，她都了如指掌。现在她再不用像刚来时那样为饭菜发愁了。只要村民们家里有的，她也会有。很多时候，村民们送来的粮食和菜多到如何存放都成了问题，而这都是村民们自发送来的。对于这一切，女老师感到很欣慰。

后来，村民们看见有一对老夫妇来学校住了两天，大家隐隐约约听到了他们的争论。女老师说的一句话，村民们记住了："可是这些孩子呢？"再后来，又有一个城里的青年人也来了，他们也争论了很久，女老师还是那句话："可是这些孩子呢？"她还说，一个人的工作，有什么能够比改变几百人的生活更重要的呢？有什么能够比改变无数孩子的命运更崇高的呢？

她的一句话，让这片荒凉的山岗变得生机勃勃了。

第二辑

生命的恩赐

　　很多东西是不能够删除的，找到了合理的理由，那些记忆反而变得轻松、简单起来，你感觉到的是生命的如释重负。

　　无论贫富贵贱，人生都可以如诗如梦，生命都可以如歌如画。

石头汤

　　美国东部有一个小镇，由于小镇上的居民几乎都是从大洋彼岸逃难过来的穷人，自身文化素养很低，既没有什么特殊的本领，又没有多少资金用于开发，所以尽管经历了几十年发展，小镇依旧没有多少改观。小镇上还是最初的两条窄窄的泥土街道，路边搭建一些破破烂烂的房子，全镇没有一家企业，唯一的商业就是小镇中间的百货小卖部，居民依然十分贫穷。唯一让小镇上的人们感到自豪的是，他们终于有一个子弟考上了哈佛大学。

　　对于小镇的贫穷，小镇上的人们似乎已经麻木了，他们内心抱怨祖先没有眼光，当初踏上这块土地的时候，怎么没有选择一个条件优越的地方安家？怎么选择了这么一片穷乡僻壤？

　　19世纪中叶的一天，他们唯一的哈佛子弟毕业了。这名青年学子从哈佛回来了，而且还带来了一个人。这个人是他在哈佛的导师，一名享誉世界的经济学家。他希望自己的导师能通过对小镇的考察，给自己的故乡指一条发展的道路。导师留下来，每日由学生引导考察小镇的自然风光和资源，并与小镇居民们座谈。

　　一星期以后，导师让学生把小镇居民都召集到镇中心的一块空地上。大家很踊跃，因为都知道导师是著名的经济学家，认为他一定是给小镇找到了足以让小镇富裕起来的稀有资源。但是，当居民们集合后，现场的情景让大家感到意外和奇怪。大家发现经济学家在空地中心支了一口大锅，里面是满满一锅清水，在锅的一边堆着几块被洗得干干净净的石头，他们的哈佛子弟正按照导师的要求起劲地往锅底添柴。大家迷惑了，这些石头不过是小镇附近的山上随处可见的普通的石头，经济学家想做什么呢？

没过多久，大锅的水烧开了，经济学家把几块石头放到锅里煮起来。他告诉小镇上的人们，他发现小镇附近山上的石头不是普通的石头，是一种能够煮出美味汤的石头。"我现在做实验，一会儿大家就会喝到鲜美无比的石头汤了。"经济学家告诉大家。人们都睁大了眼睛，感到十分惊奇。许多人在议论，如果这些普通的石头都是特殊的佐料，那我们岂不发大财了，简直就是金山呀。过了一刻钟，经济学家说："汤做好了，但是我没有带盐，谁能给我拿点盐来？"一个人飞快地回家拿来了盐，经济学家放到锅里。他又说，不知道谁家里有海米，要是再放些海米，汤的味道就更好了。一个人拿来了海米，经济学家又放进去了。他又说，要是再放些野菜就会有野味的味道。一个小女孩正好刚刚从山上挖了野菜回来，就交给了他。最后，他又借了味精、淀粉、肉丁、胡椒、醋和酱油，都按照一定的比例放了进去。

这个时候，大家发现，随着经济学家往锅里不断地增添东西，锅里汤的味道渐渐地变得奇异鲜美起来。每人都分到了一碗，都感觉这石头汤真的鲜美无比。

此刻，小镇上的几位长者恍然大悟。他们走到经济学家面前说，我们明白自己贫穷的原因了，谢谢您给我们煮的石头汤。最后，经济学家做了一个简单的告别演讲。他对小镇上的人们说："财富就在我们的身边，就在我们的手里，只取决于你是否去做。普通的石头都可以做成美味无比的汤，那么还有什么奇迹不可以创造呢？"

五年以后，这个小镇成为美国东部最大的佐料和蔬菜种植基地之一，小镇的财富以几何级数增长，成为美国东部最有活力的新兴城市。

独处

有一个青年人对我说，为了生活，他要暂时放下梦想。我说：如果你真的这样做，梦想就会渐渐远去，而且不会再来。那么，中年以后，当面对那些成功者，你就只有"当初，我怎么就没有挺住"的感慨和怅然了。

心理学家伊斯特说："独处是个体建构和重构自我的需要，目的在于增强自我的认知力。"

对于一个从事艺术创作的人来说，独处是必需的状态，只有在独处的状态里才会充分发挥想象力，投入到自己构建的艺术世界里。人类几乎所有的艺术创造，都发生在这样的情景中。

卡夫卡的妻子有一次问丈夫，他创作的时候，她能陪伴在一旁吗？卡夫卡说："听着，那样的话，我什么也写不出来。"

送别，总是一个充满忧伤的情景。梁实秋先生曾经在一篇散文中说："我最不愿意送别，不愿意送别人，也不愿意别人送我。"

他又说："你走，我不送你；你来，不论多大的风雨，我要去接你。"

我欣赏这样的情怀，避开送别的怅然，充满重逢的欢喜，这是人生的一种超然。

苏格拉底说："成功的唯一秘诀，就是坚持到最后一分钟。"

看看我们身边，有多少浅尝辄止的人？有多少朝令夕改的人？有多少半途而废的人？又有多少功亏一篑的人？

不成功的原因固然有很多，但其中有一个重要的因素，就是没有坚持。

一个杰出的人与一个普通人的区别在于，他知道自己需要什么，也知道自己不需要什么，并且能够付诸行动；一个平庸之辈，总是没有取舍地眉毛胡子一把抓，分不清优劣，更不知道自己该要什么和不该要什么。

其实，知道自己该要什么，是自己的本分；而知道自己不该要什么，则是人生的智慧。

常常有人问："你为什么能够按照自己的意志和兴趣生活？你为什么能够把自己的每一天都管理得井井有条？"

我说："没有比管理自己再简单的事，你怎么生活完全可以自己做主，不用随波逐流。但是，你能为你的意志做主吗？一个连自己的意志都不能做主的人，也不会有所成就，更不可能管理天下！"

追寻

俄国诗人叶赛宁说:"谁找到故乡,谁就是胜利。"故乡的土地上,那弯弯的小河,清亮的荷塘,宁静的枣树林,温暖的胡同街巷,陈年的童谣故事,是一个作家写之不尽的宝藏。

我年幼时,每到麦收和秋收的时候,都会去收获过的田地里捡拾遗漏的麦穗、豆粒、玉米等果实。这给了我巨大的人生启迪:生活中常常遗漏掉最成熟的果实,只要拥有发现的眼睛,即使在生活的边角处,也能得到意外的惊喜。多年以来,在我的主流生活之余,我一直是一个拾穗者,我捡拾到的果实,有很多都成了我下一个季节的种子。

我常常在寂静的深夜仰望星空,希望在深邃的时空中找到自己的位置。我知道康德当年在他的家乡每天都在这样做,他因此发现了道德律;鲁迅在那个民族危难的时代也从没有停止过仰望,他因此找到了民族劣根性的顽疾。

我常遇到那些谴责时代的人,他们总认为自己生活的时代亏待了自己。我总是毫不犹豫地避开那些人,因为,我担心他们身上的负能量污染了我洁净的灵魂,让我再也发不出真诚的声音。

每一天,从寂静的黎明到沉沉的深夜,我都在努力把自己的思索化为美丽的文字,把零零碎碎的时光化为文学作品,我希望自己的文字变成美丽的蝴蝶,传递给世界善和美。

我总是毫不迟疑地拒绝一些团体的邀请，拒绝把自己的良心递交出去。我要独立地面对世界，坚持自己的思索、自己的判断，发出自己的声音。我希望自己具有独立面对世界的力量。

我的每一篇文字，都力求忠实于自己的内心。在我看来，一个作家只有忠诚于自己才会忠实于读者。一个背叛自己心灵的人，无法写出真诚的文字。我无须取悦任何人，也无须遵从他人的意志，我只唱属于自己的歌。

我一直在追寻自己在这个世界上的意义。我努力成为一个昂首挺胸的人，一个总是抬头看世界的人，一个敢于迈出矫健的双脚、走在自己选择的道路上的人，一个真实的充满人文情怀的人。

我告诉关心我的朋友，我感觉时间对我十分厚爱。我从来没有过时间不够用的窘迫，只要我一往无前地努力，大把大把的时光，总是络绎而来。

尽管我有很多朋友，但是，我依然常常陷入苍凉与孤寂的情绪里，有抑制不住的悲凉绵绵而来。我知道，这不是我缺少了生命的激情，而是因为我走进了思想灵魂的家园。

我一直在用心灵写作，每天都在发现自然的美，希望能具有一颗包容人类全部苦难的大心。

人生的信念

　　青年人至少应该搞明白一件事：你正在做的事业，有哪些值得你一生追寻？

　　现在我们常常说做任何事情都要坚持。这是因为，如果你半途而废，就等于没有出发。

　　当你确信自己奋斗的方向的时候，这种坚定的理念就渐渐成为你人生的信念，开始改变你的人生走向。

　　人生最大的敌人是什么？是日复一日不自觉地随波逐流，是面对机遇时的茫然无措，是明知深陷困境却不痛定思痛。

　　过去的岁月，当我们回忆起来，很多都是美好的、浪漫的，即使当时感觉难以忍受的苦日子，现在回忆起来也没有了痛苦，而是充满了温馨的情怀。其实，这就是我们人生的本质，当下的每一天，都会成为未来的意义。明白了这一点，我们就应该珍惜当下，把每一天都过得有声有色，不负青春，更不负岁月。

　　岁月里，有些日子是一定要记住的。这些日子，是大海里的灯塔，是森林中的路标，会在我们迷失方向的时候，指点迷津。

　　一位老船长说："我在风平浪静时祈祷，而波涛翻滚时，我把全部精力放到驾驶我的船上。"

　　生活中有多少人与老船长恰恰相反啊，年轻的时候不知时光匆匆，中年以后却悔之晚矣；大祸临头不是去急救，而是应付，抱佛脚。

　　生活的哲学就是这样吧，能拯救自己的只有你自己，没有人能拉你脱离苦海，关键时刻如果你不能全力以赴，佛祖也救不了你。

　　我一直渴望这样生活：做自己喜欢做的事，不受制于人，不假装坚强或软弱，活得堂堂正正，不扮演什么角色，助人不求回报，也不苛求他人的援手，内心强大，一往无前地走在奔向壮阔未来的大道上，器宇轩昂。

　　中年以后，回望岁月，我突然发现，我做到了。

在心里种花

"在心里种花，人生才不会荒芜。"如果想让自己的人生诗情画意、瓜果飘香，就在自己的心里种花吧！

几乎每一次讲座，都有人问我：成功的路为什么那么遥远？我说：我始终感觉，再跨越几步，就可以到达天堂。我不明白，那么多人为什么总是到了天堂门口就不再前行？

不久前，我应邀去一所监狱做讲座。到了之后，我才知道竟然有几个同学和昔日同事在这里服刑。监狱对我的讲座全程视频直播，每一个监区都组织服刑人员收看。

讲座结束以后，尽管我知道这几位朋友与我近在咫尺，但我还是没有去看望他们。我相信，他们听讲座的时候内心已经流淌着失意与苦涩，我不能再当面给他们增加更大的失落和痛苦。"利之所在，令人目盲。"古人说得多么好啊，有些利是不能取的，那是毒药，是陷阱。可是，在利益面前，很多人的眼睛，是真的被遮蔽了。

我每天都写日记，时长时短，总是每一天把感觉有意义的事情记下来。也有极个别的日子，感觉无事可记。我就要求自己，一定要想办法找出这一天的意义来，哪怕是看到了一朵漂亮的花也可以。

是什么理由让你放弃了诗和远方？当你中年以后，你就会发现，所有的理由都不值得。所以，我常常对青年朋友说，在人生的道路上，你一定要记得，什么都可以放弃，唯独不可以放弃梦想！无论遭遇了多么大的困难，只要有梦想在，它就会引领你脱离苦海。

冬天到了，花儿都败落了。但冬天过去，春天再来的时候，它们又会从泥土和枝干里钻出来，再次展现自己美丽的容颜。人也是这样啊，到了适合你展现的时刻，你尽可以盛装出演；而如果到了你的冬季，也应该像花儿一样，将自己藏在大地和枝干里，等待时机。

这就是人生的哲学吧。

赤子之心

　　一个作家最根本的特质是天真，也许在他的作品中会出现很多智慧超群的人物，但是一旦回到了自己的生活中，他就会立刻展露出自己孩子一般的本然面目。

　　我们说一个人应该常怀"赤子之心"。"赤子之心"，就是一颗率直、纯真、善良、热爱生命、好奇而极富想象力的"心"。

　　老子在《道德经》中说："含德之厚，比于赤子。"老子认为，这种单纯的心，本身就是一种高尚的美德。"赤子之心"，是我们几乎能在所有成功者中轻易找到的一种品质，甚至可以说，所有的成功者，都怀有一颗"赤子之心"。

　　可是，奇怪的是，世人中的大多数，都在千方百计往另一个方向修行。

　　每次看到"八仙过海"的图像雕塑，我都若有所思。想那神通广大的李铁拐，背着装有灵丹妙药的宝葫芦，可以让别人起死回生，奇怪的是他自己却跛着一只脚，拄着一根沉重的铁拐杖。他为什么不用仙术治好自己的跛脚呢？

　　古人塑造这个形象，或许深意就在这里吧。即使神仙也是有局限的，很多缺憾不可改变。无所不能的神仙都有自己的无奈，但依然一天到晚跛着脚乐呵呵地度人苦难。我们为什么还要为自己的一点过失、一点缺陷、一些无奈而自责呢？

马尔克斯在他的《爱情和其他魔鬼》这本书中说："凡是幸福无法治愈的，任何药物也无法治愈。"

这句话发人深省。看看那些家庭幸福的人，为什么总是慈眉善目、面容温润，答案就不言自明了。

无论多么名贵的药材，都治不了心病。

"挺住就是一切"，这话人人都懂。可是，绝大多数的人，却最终都败给了这句话，该挺住的时候没有挺住，早早地向困难缴械。

一个在文史和哲学方面造诣很深的人，必定具有强大的内心和宽广的胸襟，因为文史告诉你岁月的永恒和深邃，而哲学又告诉你时空的无限与辽阔。因此，对于这样的人来说，所谓功名利禄，都是过眼烟云。

卢梭在《孤独漫步者的遐想》中有一段话："身外空无一物，只有自身的存在。只要这种状态持续下去，人就能如上帝一般自给自足。"这句话令人深思。我们常常希望自己得到别人的认可，其实，为什么要得到别人的认可呢？重要的是，自我认可！只要自己对自己正在做的事情满意，对自己当下的状态满意，对自己的未来充满信心，就真的是"如上帝一样自给自足"了！

有人对我说：发现你每天都在做很多事，而且每件事都做得那么好。我说：其实我做的这些事都是我力所能及的，所以才能做好。还有很多事也许可以做，但是我知道自己的能力达不到，就坚决不做。这也许是我与很多人的不同。因为我发现，身边有不少人，总是在做一些远远超出自己能力范围的事，也许他自己也知道这样不会有什么结果，却总是不能放下。

我并没有什么特别的能力，我只是懂得取舍，懂得集中精力去做力所能及的事。

渐渐地，我没有了疾恶如仇的血气方刚，因为我懂得，在这个世界上，大家都要过下去。所以，当有人咨询我：那些拿大刷子胡乱写一些大家都不认识的字，算不算书法？一些人不好好做文章，却打着文学的旗号做事，应该怎么看？我说：谁都要吃饭，哪个行当里都有大师，也都有走街串巷跑江湖的郎中，我们只管做好自己就是了。

孟子说："我善养吾浩然之气。"我想，这浩然之气，应该是一个人不卑不亢的底气，这里的不卑不亢，不仅仅是对具体的个人，还有整个社会。有了这样的底气，就可以说不，就可以按照自己的想法活着，就能成为一个具有大自由的人。

生命的恩赐

我一直坚信，对我而言，活着就是为了享受生命的恩赐。有时候我发现，很多难堪的甚至是悔恨和伤痛的记忆，总是难以从自己的生命中剔除，总是难以释怀和放下。我就劝说自己不要刻意地去抹杀它们，而是努力找到一个诠释的理由。

很多东西是不能删除的，找到了合理的解释，那些记忆反而变得轻松、简单起来，你感觉到的是生命的如释重负。

无论贫富贵贱，人生都可以如诗如梦，生活都可以如歌如画。

即使是一朵已经枯萎凋零的花，它依然有很多美丽的理由。它有过绚烂开放的美艳，它有过被众人欣赏的风光，它依然可以"化作春泥也护花"。而且，它即将变成一粒种子，可以开始对下一个季节的美丽憧憬了。

人们对于善良已经感到陌生了，甚至开始惧怕善良，那些因为救助跌倒在路上的老人而被诬陷的善良之举，一次次无情地践踏着残存的善良记忆。

可是，我们的生命中不能没有善良，如果连善良都被大家拒绝了，我们的身边会是什么样子呢？大家都形同陌路吗？大家都见危不救吗？大家都变得冷酷无情吗？

贝多芬说："没有一颗善良的灵魂，就没有美德可言。"善良其实是很简单的事。不做损人利己的事，只要力所能及，就尽量去帮助别人。如果这样做，我们自然也会成为被帮助的一个，因为，别人眼中的别人正是自己。

善良是人类一切德行中最伟大的品格，没有这种品格的人无异于禽兽。但是，善行应该量力而行，如果因为行善而倾家荡产，就失去了善的意义。

其实，善良是人的天性，善良的人常常能够化险为夷。

世界就是我的村庄

人生没有绝对的烦恼，也没有绝对的快乐。杨绛先生在她的《我们仨》中对此有精彩的描写："人间没有单纯的快乐，快乐总夹带着烦恼和忧虑。人间也没有永远，我们一生坎坷，暮年才有一个可以安顿的住处，但老病相催，我们在人生道路上已走到尽头了，我们三人就此失散了。"

这段文字，是杨绛先生失去丈夫和女儿之后对人生的思索，种种无可奈何的人生况味溢于字里行间，是一个历尽人生沧桑的哲人参透尘世的回眸，让人深思，令人唏嘘。

我们必须学会以达观的态度处世，培养自己"行到水穷处，坐看云起时"的从容和胸襟。

我喜欢哲学与历史，因为哲学讲辩证与无限，历史讲时间与永恒，明白了这些之后，眼前和人生的一切，都不再迷惑。

我一直钦佩甘地的话："简单，是宇宙的精髓。"因此，我总是努力让自己的生活过得简单、淳朴。

甘地还说："就物质生活而言，我的村庄就是世界；就精神生活而言，世界就是我的村庄。"半个多世纪之前，这个印度人的胸怀早已装下了整个世界！

维特根斯坦有一句名言："凡是可以说的东西，都可以说得清楚；对于不能说的东西，我们必须保持沉默。"

很多人感觉生活很累。其实，所谓生活之累，大多是由于自己无休止的攀比造成的，正所谓"这山望着那山高"。如果能够常常把当下的生活不与别人比，而是与自己的过去比，你会发现自己已经生活在天堂里了。

其实，生活的本质就是生活本身，生活的哲学与真谛就在这不可言说之中。面对纷繁的生活，懂得适时保持沉默，才是真正的智者。

所有的烦恼和不快，都不过是你给了自己一种将要做大事的假设。回到生活中来，你才会从容不迫，无坚不摧。

很多青年人没有信仰，随波逐流。其实，他们终会明白，一个人没有了信仰，就失去了人生最重要的力量。信仰是一个人寻找自己、走向自己、豪迈地走向未来的百折不挠的力量！而正是这种力量，引领着自己走向卓越。

梦想，不只看你是否具有实现它的能力，还要看你是否愿意为实现它而不懈努力。

所谓成功，没有他法。如果你信仰一种事业，请不要怀疑和放弃！因为，你坚持下去的结果是，最终有一天，你会突然发现，你已成为世界的中心。

人生成功没有任何捷径

雅典人为了庆贺庞培进入雅典城，在城门上刻下这样一句寓意深邃的题名："你自认是人，你才成为神。"

我们的生活中，与此相反自命不凡的人实在是太多了。刚刚有了一点小小的权力，就以为自己可以经天纬地了。刚刚发了一点小财，就以为自己拥有天下，可以挥霍无度了。刚刚发表了几篇作品，就俨然以著名作家自居了。

踩着高跷走路，并不是你真的长高了。

站在山顶之上，并不是你真的高过了大山。

最让人敬重的人，是作风朴实、认真做好每一件小事的人。那些自以为是、高高在上的人，最终的结局大都被摔得体无完肤。

当你坚信自己就是一个普通人，你时时刻刻想着把身边的一件件小事做好的时候，你距离完美和杰出也就不远了。

很多人天天梦想自己突然交上好运，或者意外发大财，或者有朝一日做大官……

其实，人世间最靠不住的就是突如其来的好运。这样的好运，总是好坏参半，很多是吸引你上钩的鱼饵。

天天梦想交好运的人，其实就是对自己的能力产生怀疑，自信心坍塌，对自己的未来失去了把握和必胜的信念。

如果你把未来押在运气上，最终将会碰得头破血流！

人生成功没有任何捷径，实现梦想的唯一道路，是踏踏实实的努力，是一步一个脚印的付出。凝聚着汗水和智慧的结晶，才是实实在在的成功。

秋赋

　　春天是希望的季节，夏天是生长的季节，冬天是收藏的季节，而秋天是收获的季节。秋天的美是成熟的，它不像春天那么羞涩浪漫，也不像夏天那么坦露奔放，更不像冬天那么内向含蓄，秋天是理智的。立秋了，就有了秋意。秋意就在一个多雾的黎明溜进来，到了炎热的下午便不见踪影。广袤的北方，一到了秋天，最明显的是颜色的变化。似乎是一夜之间，漫山遍野的绿色都变成了满眼金黄。金黄色的叶子和金黄色的果实，在金黄色的土地上，演奏起金黄色的乐章。

　　这一切都是从一枚落叶开始的。某一天的清晨，我像平日一样起来晨练，突然发现踩到了一枚叶子，或许是梧桐的叶子，或许是槐树的叶子，也许是白杨的叶子。叶子是金黄色的，静静地躺在地上。我内心顿时就生起了"一叶落而知天下秋"的意味，蓦然醒悟，秋天来了。

　　秋天能闻到弥漫在空气中的淡淡的茴香气息，还有金菊的芬芳气味。在郊外的山坡上，秋天的到来几乎是令人惊愕的。一场连绵的细雨之后，气温骤然降低了十度，头一天还满山遍野的花朵都枯萎凋谢了，在山顶上盘旋鸣叫的鸟儿没有了踪影，灌木树丛里的野生动物也都藏到了洞穴深处。这般不加掩饰的肃杀和凄凉提醒我们，秋天来了。

旷野的憔悴和忧郁会让一个文人感慨万千。当浅黄色的阳光照耀在墙上，当楼下的琴房里响起低沉而哀怨的旋律，当衰败的树叶飘落在白杨树下的人行道上，冷峻的目光会把这一切储藏在记忆之中。唯有大雁是不肯就范的，它们洞察了季节的无情之后，不惜万里远行，也要去寻找春天。

秋天并不是一下子就占据了统治地位，就在气温下降了十几度，人们赶快增添衣服以为冬天快来的时候，温度又慢慢回升了。阳光看上去温存了许多，大地一片祥和。但是，这样的天气大多是靠不住的，温暖的日子过不了几天，灰色的日子又来了。风起劲地刮起来。接着，又是一夜散乱的犹如游丝一般的细雨，粗硬的灌木也开始变黄，山坡上和旷野里稀疏的草绿色彻底消失得无影无踪。

当一个个伤感的文人正感叹着季节的无情之时，正在旷野里收获着庄稼的农人，却唱着一年中最欢快的歌。辛勤的汗水结出了丰硕的果实，艰苦的付出得到了加倍的回报，一年的希望变成了沉甸甸的现实，幸福的脸上怎能不挂满喜悦！

最特别的还是秋天的雨。它与夏天的雨完全不同，一阵凉风吹来，一场雨就纷纷地落下来，没有漫天乌云，也没有雷电交加，在不知不觉间，雨就淅淅沥沥地下起来。而且一下就下个不停，有时是一天，有时是两天，甚至有时候一个星期都不停。雨是那种细细的雨丝，缠缠绵绵。这时候，最好不要待在家里。一个人走在山坡的小路上，走在青石板的小巷深处，任凭蒙蒙细雨淋湿了衣衫，一首诗或者一篇美文就这样写成了。

在秋天的村庄里，炊烟与其他的季节也是不同的。袅袅的炊烟，在屋脊上盘旋，在树梢的鸟巢旁飘荡，在胡同的拐角处踱步，最后都凝聚成片片朦胧的烟云。

秋天的田野里到处都是农人的身影，满载成熟的庄稼的车辆行进在弯弯的乡间小路上。间或会有几声欢快的歌声传来，那是农人发自内心的喜悦。天空中有飞翔的天鹅，有排成人字形南飞的鸿雁，湖里是成群的野鸭。它们就像一片阴森的云朵，使秋天显得更加苍郁了。

成熟的庄稼在几天之间就消失在村落里，粮食都装进了农民的粮仓，有金灿灿的豆子，有金黄色的玉米，还有各种各样的杂粮。农民把小麦种上，然后只等着度过一个漫长而悠闲的冬季。

告别了热闹和喧嚣，结束了疲惫的忙碌，卸下了艰难的重负，无垠的黄土地轻松地裸露在人们的视野里。它要进行几个月的休整，然后以全新的面孔迎接崭新的春季。这时候，一个失意的人可能会发出"秋风秋雨愁煞人"的喟叹，望见枯枝落叶，内心生出万般的凄凉。一个积极进取的人自然能感受喧嚣夏日后的清新宁静，漫漫寒冬前的果实芳香，更多地体会到"秋风之性劲且刚"的豪迈与刚健，看到的是金风送爽，是硕果累累，是静思后收获的喜悦。

在湛蓝高远的天空下飘着一朵朵洁白的云。山坡上被秋霜洗黄的野草，俨然一位饰着金色丽纱的少妇，在萧瑟的秋风中婆娑起舞，展现着迷人的身影。伫立在山顶之上的秋阳，宛如一尊威武的战神，从辽远的过去走向茫茫的未来。

我最喜欢王勃的那句写秋天的诗句，"落霞与孤鹜齐飞，秋水共长天一色"。落霞从天而下，孤鹜由下而上，高下齐飞。秋水碧而连天，长空蓝而映水，水天形成一色。王勃把秋天辽阔的意境写到了极致。杜甫的"长风吹白茅，野火烧枯桑"，写的是深秋原野的景象，大风吹卷着原野上的茅草，野火烧着枯萎的桑树。但是，杜甫这首诗的意境过于苍凉，远没有李白"长风万里送秋雁，对此可以酣高楼"那样豪迈。

北方的秋天很有些人生的况味，有凄凉的秋风，有暗淡的烟霞，有枯萎的衰草，但它更多的是丰收的喜悦，是成功的欢乐，是苍茫古朴、丰硕厚重的磅礴气象。

耕心

荷兰画家梵高在弥留之际给他弟弟提奥写了一封信,他说:"伟人的历史,依我看就是悲剧。他们不单是在生活中遭到种种磨难,而且通常在他们的作品得到公认时,已经不在人世了。"

的确如此,今天以画作领衔世界艺术品拍卖市场的梵高就是这样。他生前连一幅画也没有卖出,一生没有一个女子愿意嫁给他,一辈子都靠自己的弟弟接济度日。在人们的眼中,他是一个疯子。

这是一个事实。世界上有很多哲学家、文学家和艺术家都是这样,他们在有生之年不仅备尝生活的艰辛,还要承受着人们的嘲讽和指责。

所以,如果想风风光光地度过一生的人,最好不要选择做学问,因为这条道路是寂寞的。

上初中的孩子在学校里学到了"笔耕"这个词,回家之后他问我:农民种地用犁子耕地,被称为耕作很恰当,作家写作怎么也被称为耕作呢?

我说:孩子,你看爸爸书中写的那些文章是哪里来的?是不是从爸爸的心中而来?那不正是爸爸耕作心田的果实吗?

孩子说:我明白了,农人是耕地,爸爸是耕心。

朋友送给我一盒白茶,我用小巧的青瓷茶壶泡,淡淡的幽香瞬间就在房间里弥漫起来,仿佛置身于那翠绿的茶园,似乎是漫步在那青翠幽幽的山岗，心情无比地舒畅和惬意。

　　品尝着茶的清香，心中不免敬佩古人的高古意趣。就是那么娇嫩的几片茶叶，从山间荒坡上采摘来，放到清冽的开水之中，房间竟然就有了苍茫群山的万千气象，就有了山涧小溪的清幽芳香，就有了山水风物的灵性和境界。

　　如果能够像一枚来自山间的茶叶，我们岂不就拥有了博大的心胸，可以超越世间的庸俗和琐碎？虽然身居闹市，心灵却可以抵达昆仑；虽然居于陋室，心灵却可以抵达庙堂。

乡间的彩虹

回乡间过年的时候，孩子问我：爸爸，你在文章中曾经描述过乡间的彩虹，可是我怎么没有看到彩虹呢？

我说：孩子，彩虹只出现在夏秋的雨天里，现在是冬天，自然没有彩虹。

孩子问：那你描述的是哪一个夏天的彩虹？

我说：孩子，爸爸记不起是哪一个夏天的彩虹了，彩虹的瑰丽永远定格在了我的记忆里，成为永远的美丽。

孩子明白了，他告诉我：原来，彩虹在爸爸的心中。

我对孩子说，只要与美丽相遇，我们的生命里就拥有了美丽。我们的院子里栽种了梅花，你看梅花已经开放了，它会永远开放在你的心田里。

居住在乡间，每天晚上都可以安静地仰望星月。面对神秘浩瀚的星空，我的心中总是涌起无边的感动。没有人能够抵达星月，也没有人能够超越生死，我们要做的，是把璀璨的美丽留在心中。

我知道，自从我踏上了文学之路，我就一直在寻找一种东西。现在，我明白了，这种东西，原来就隐藏在我经过的路上。

我常常陷入沉思。沉思，让我的身心安静下来。这个时候，即使外面大雨滂沱，我的心灵却如明镜一般澄澈，如万籁俱寂的深夜。

很多生活烦恼在沉思之后就会烟消云散，很多得失也被沉思清洗干净，是沉思让我获得了宝贵的人生智慧。

我有一个日本朋友大竹，他不仅在文学和绘画方面有很高成就，经营的一个茶楼会所在东京也很有名气。我们常常互通邮件。他在邮件中最常说的是，他这一天又去了郊外的别墅沉思。他说，自己在写每一部书之前，在做每一个重大的决定之前，他都会让自己安静下来，让自己陷入沉思当中。沉思之后，他的思路会清晰起来，他的灵感也就绵绵而来了。

我深有同感，我的每一篇文章，也是我沉思之后的结晶。

最喜欢卞之琳先生的那首诗《断章》：你站在桥上看风景，看风景的人在楼上看你。明月装饰了你的窗子，你装饰了别人的梦。

乡间的彩虹，一直在我的心田里。人生曼妙的风景，需要我们慢慢品味。

头上的星空

"有两种东西，我对它们的思考越是深沉和持久，它们在我心灵中唤起的惊奇和敬畏就会日新月异、不断增长，这就是我头上的星空和心中的道德定律。"这句话出自德国哲学家康德的《实践理性批判》最后一章，被刻在康德的墓碑上。

叔本华说："任何人在哲学上如果还未了解康德，就只不过是一个孩子。"多少年以来，无数的哲学家和政治家都从这句话中汲取着无穷的智慧。面对浩瀚的宇宙星空，我们是多么渺小！面对社会的道德法则，我们又是多么无知！

我们要做的，是时时刻刻保持自省和自律。

我很庆幸自己从年轻的时候就义无反顾地选择了文学之路，一生一直从事写作的事业。

经常有人问我：你写作是为了什么？是为了金钱吗？是为了名声吗？

我写作不是为了金钱富贵，更不是为了博取虚名。我写作是为了抵达繁花似锦的生命彼岸，是为了净化自己的心灵，是为了洞察人世的秘密，是希望借助自己的眼睛帮助人们分清善恶。

每天清晨，当我坐在书桌前，我仿佛是领到了一张人间喜剧的请柬，自己就走到了舞台的中间，担当起重要的角色。

对于我来说，没有什么比让我自由的写作更让人欣慰的。当一个个美丽的文字从键盘上敲出，我感受到的是生命的快乐和从容。那一个个玲珑活现的文字，每天都为我拨开世间的迷雾叠嶂，引领我走进辽阔的生命原野。

有段时间，中国足球界曾经风光无限的人物一个接一个沦为了阶下囚，很多权倾一时的政界人物也纷纷落马。我想，这些人如果在人生风光的时候每天拿出一定的时间来阅读，读读孔子、老子和庄子，或者读读康德、叔本华，他们也许就不会跌倒了。

如果选择了阅读，他们就会明白，凡事要留有空间，更要留有余地。个人在人世间是无比渺小的，权力和财富都是浮云。

仰望星空，心有所向。从阅读中汲取向上向美的力量，你的人生才会与众不同。

文章千古事

在济南，大家都知道辛弃疾和李清照，济南人把此二人视为城市的光荣和骄傲。济南分别在著名的风景区大明湖和趵突泉公园专门为两人建了纪念馆，供游人纪念和观赏。

可是，济南建城已经有数千年之久，历朝历代中那些曾经在这里主政一方的官员，不论曾经留下了丰功伟绩还是平庸无为，统统都默默无闻了，早已消失在了历史的长河之中，没有人记得了。

其他城市也是如此。说起杭州，人们立刻想到的是留下了千古名句"欲把西湖比西子，淡抹浓妆总相宜"的苏轼，至于曾经在这里权倾一时的官员，恐怕也没有多少人知道。

我想，这正是千百年以来为什么那么多深刻而智慧的人放弃仕途而追求文学的原因。这恰是文学的魅力所在，正所谓"文章千古事，仕途一时荣"。

居住在乡间的时候，很多儿时的伙伴去家里看望我，我们总聊起多年前的一些往事，也聊一些大家目前的生活状况。这些伙伴当中，有的现在很发达，孩子也学有所成；有的生活得很一般，平平淡淡；也有几位混得很落魄，不仅自己的生活很糟糕，孩子也不成器。我对大家说，人的一生总是有很多不同的机遇，有的要靠不懈的坚持，有的要靠机会的青睐，有的要靠幸运的眷顾。很多时候个人的力量是很渺小的，结果往往自己难以左右。

大家都很赞成我的观点，我特别欣慰的是，那些干得很落魄的伙伴，与我聊天以后，脸上都有了笑容，对自己的生活多了一分信心。

　　我的故乡有一处国家一级文物"武氏墓群石刻"，是东汉末年几代人均在朝中担任高官的武氏家族修建的，墓群的壮观在中国可谓首屈一指，可以想象当年武氏家族的显赫。可是，现在墓群所在的叫武翟山的村子里，再也没有一个武氏的后人了。面对这个曾经在历史上辉煌无比的家族，我想起那句"三十年河东，三十年河西"的谚语，也想起孟子说的"君子之泽，五世而斩；小人之泽，亦五世而斩"的断语。

　　圣人的话和百姓的谚语，其实说的是一个意思。无论多么有本事的人，无论到达了多么高的权位，无论挣下了多么大的家业，也无论拥有了多么显赫的名声，想千秋万代相传下去都是枉然。因为，历史过不了多久，就会重新洗牌，重新安排生活的次序。

　　想到了这些，就不免为今天生活中那些千方百计贪污受贿，千方百计买房置地，想着让家业永远流传下去的人感到悲哀。我也因此想提醒那些因暂时的困境而丧失斗志的人，不要屈服于暂时的困境，也不要怀疑历史的公正，因为，下一个机会也许就是你的了。

　　济南城的北面，就是滚滚而来的黄河。黄河经过数千公里的九曲回转，到了这里，河面变得非常宽阔、平坦，全然没有晋陕河段的惊涛骇浪和惊险曲折。

　　我常常在周末或者假期的时候，带孩子去看黄河。

　　面对一直流淌不息的黄河，我总有很多的感悟。河流两岸的树木过不了多少年就砍伐更新了，一代代的人物也都消失在了历史的河流里，不论是曾经叱咤风云还是独领风骚。可是，黄河依旧，涛声依旧。

故乡的小河

很小的时候，我曾跟随父亲去赶集。看着川流不息的人流，我就想，这些人急匆匆地都去干什么呢？那里有迷人的风景和秘密吗？

后来，我明白，在岁月的河流里，大家都是一样的，都在急匆匆地向前赶，都急着想知道未来的秘密，盼望着到达一个目的地，得到自己想要的东西。

可是，当历经千辛万苦到了一个新的高点之后，我又发现，虽然得到了自己想要的东西，但也失去了很多珍贵的东西。而且，我们得到的东西，并没有当初追求它时想象得那样神奇。它并没有改变我，我还是我。

所以，真正的智者，是这样一些人：到达一定的境界，就让自己放慢脚步，从容平淡地看待身边的一切，觉得很多事情没有那么重要了，没有大喜，也没有大悲。

我见过一些这样的人，他们对于自己做过的错事不敢承认，当被问起的时候，就闪烁其词。

这样的人注定成不了大事。一个人，最重要的品质是对自己的行为负责，对于自己的所作所为勇敢地担当，而且从不沉迷在自己的过往当中无法自拔。

有些错误，也许是那个年龄段里必须要付的学费。

有些错误，也许当时是你唯一的选择。

有些错误，在今天看来是错误的，可是，在当初也许是正确的。

到了中年，我们就应该明白，生活在当下，生活在这一刻，只要这一刻是对的，就足够了。

到故乡的县城闲住。我住的小区叫盛世花园，是县城新建小区中最高档的社区。原因很简单，它与县里新建的一中为邻，而且小区的前面就是新建成的人工湖。人工湖的水面很宽阔，湖边修建了一条环湖公路，在湖的岸边建有回廊凉亭，栽种着无数的花草。

我熟悉故乡的县城。20 年前我在县城工作的时候，这里还是一片荒无人烟的沼泽河滩，有一条不是很宽的小河，看起来像一条臭水沟。那个时候，感觉这里距离城市很远，是乡村和大地的一部分。我清晰地记得，一个同事的家就在河边的村子里，村子十分贫穷，每一户人家都希望搬离这里到交通方便的地方。

可是，20 年光阴流转，一切都改变了。县里对小河拓宽治理，使之变成了一个明净的湖泊。在河边，还建了县城一所最大的中学，沿着人工湖开发的小区，自然就是风景最好的社区了。

傍晚的时候，我站在湖边遐想。我想，任何一条河流都有它存在的价值和理由，它价值低廉的时候，你不要小瞧它，只因它还没有被开发。

我们每一个人也是这样，你今天也许是普通人中的一个，那是因为你还没有到发光的时候。说不定哪一天，你就会像我故乡的这条小河，也会成为一道美丽的风景。

赠人玫瑰

我曾经在故乡的县城工作过 7 年，那时我刚刚大学毕业，20 多岁的年龄，风华正茂。

也许是由于出身农民家庭，也许是因为读中文系的人身上有那种士大夫的悲悯情怀，我在那些年里只要遇到需要帮助的人，都是尽心尽力。村里的人有的是来县城买东西钱不够了来借钱，有的是来县城的医院治病想找知名的专家，有的是来县城办一些工作上的事情。我那时做县长的秘书，认识的人也多，办一些小事情，帮一些小忙，还是能做到的。在县里 7 年的时间，做了多少类似的事情，我也记不清了，尤其是后来我离开县城，去省城发展，那些事情那些人，尤其是一些当年的细节，我早就忘记干净了。

可是，20 年后的今天，我常常回来在县城居住，又不断见到当年的那些同学、同乡、同事和朋友，我被他们说起的很多很多的细节感动了。

比如，有一个韩姓同学，见到我的时候，他就立即同他在老家的父亲通电话，说是与我在一起吃饭。当他把手机给我，让我接他父亲电话的时候，他的父亲竟然一再称呼我为恩人。我搞不明白，不知道什么时候成了人家的恩人。韩姓同学说，当年他陪同父亲来民政局上访，争取解决父亲作为残疾退伍军人的补助金问题。为这事他们已经上访了很多年，但都没有解决，他说，当时他找到了我，

99

我当即就拿着上访信让县长签了意见，转给民政局解决，后来补助金的问题很快就解决了。

这么多年来，这位同学的父亲一直正常领着政府的补助金。他告诉我，父亲常常挂在嘴边的一句话就是，先圣是咱们家的恩人，帮了咱的大忙。他说，特别是每当他告诉父亲，说我现在事业的发展得不错的时候，他父亲总是说，人家干好才正常，好人就会有好报！

这件事情，我已经没有任何印象了。但是，我知道，以我当年的工作条件，像这样的事情，实在是举手之劳。

在故乡的日子里，我还听到了很多类似的故事。尽管我对这些事情的印象早已十分模糊，但是我的内心却十分欣慰。我的举手之劳帮助了那些需要帮助的人，这是多么大的人生幸福。

其实，不论我们处于什么位置，也不论我们从事什么职业，如果有能力帮助别人，就应该伸出援助之手。赠人玫瑰，手有余香。我们帮助了别人，得到的，一定是想象不到的收获和幸福。

人生哲学

　　我去山东大学文学院做一个文学讲座。在讲座临近结束的时候，有一个女学生站起来问道："老师，我认真研究了你的人生道路，发现你几乎没有遇到过挫折：你大学毕业后就分配到了政府机关；喜欢新闻的你又去了报社做记者；写作是你的爱好和追求，你又成了作家。命运和成功总是那么眷顾你。可是，我们却不同。我们在学校里就开始为毕业以后的职位而疲于奔命，不知道自己的未来在哪里，内心总是充满了挫折和忧伤。"

　　我说："你说的挫折具体是指的什么？是一件事情做得很糟糕，总与机遇擦肩而过，还是选择人生道路时的犹豫不决？我想告诉你的是，我的人生词典里，真的没有挫折这个词。有的只是事情做完之后的总结，有的只是对自己人生道路的不断调整与选择，有的只是对未来美好的期待和向往，有的只是对理想一往无前的坚持。"

　　在我看来，人生中是没有什么挫折的。所谓挫折，是你个人对自己处境的主观判断罢了。如果一个机会来了，你没有抓住，你以为这就是挫折吗？不是，是你在机会到来之前准备得不够充分。一件事情，你没有做好，没有达到预期的目的或者损失惨重，这也算不上什么挫折，原因是你在做事之前没有做周密的设想，在做事过程中没有调动全部的能量，或者你没有把握好做事的时机而匆忙上阵。

任何人的一生都会处在不断的选择当中，因为世界在变，环境在变，个人也在变。我们必须顺势而为，不断调整自己的人生方向，才能确保自己走在成功的路上。一件事情完结了，我们就应该学会忘记，学会放下，然后重新选择，重新开始。

无论成功还是失败，都是自己的过往，都不能再留恋或者感伤，对那些过往洋洋得意或者耿耿于怀，已没有任何益处，真正应该做的是面向未来。如果你认真总结得失，有了深刻的领悟，吸取了经验与教训，你就拥有了一笔难得的精神财富，而这种财富将会成为你未来不断进取的力量。

我告诉年轻的学生们，任何一个成功者的心中，都没有挫折这个词，有的只是百折不挠和一往无前。

有一个人，他以自己的经历给我们提供了有力的证明。

22 岁，他做生意失败。23 岁，他竞选州议员，又失败了。24 岁，他重操旧业，继续做生意，又赔得一无所有。26 岁，他的情人不幸死去。27 岁，他的精神完全崩溃，几乎住进疯人院。29 岁，他再次竞选州议员，又失败了。31 岁，他竞选国会议员，失败。39 岁，他竞选国会议员，再次失败。46 岁，他竞选参议员，失败。47 岁，他竞选副总统，失败。49 岁，他竞选参议员，再次失败。

这个人在 51 岁那一年成功竞选总统，成为美国历史上与华盛顿齐名的最伟大的总统。他，就是亚伯拉罕·林肯。

林肯给我们的启示是，失败了不可怕，重新再来。事实上，这是对百折不挠最完美的注脚，经历过无数次失败之后取得的成功是最伟大的成功。

我们许多人之所以与成功无缘，原因就是失败了一次甚至几次后，便对自己的能力产生了怀疑，丧失了自信心，被挫折吓倒了。在挫折面前，我们必须越挫越勇，方能朝着目标坚定地走下去。

其实，失败是成功的基石，正所谓"失败是成功之母"。成功，正是无数次的失败联结起来的。成功在人生最遥远的地方，虽然在人生的近处站满了失败，但所有的努力必然都是从失败开始的。一个人如果认识不到这一点，便是一个平庸的人。

人生的哲学就是这样，你失败了一次，它便告诉你这个地方你走过了，不要再重蹈覆辙，你应该换一条路去走。当你换过无数次之后，成功的坦途就已经铺到你的面前了。

生命的旅行

我喜欢去没有开辟出道路来的山坡上攀登，更喜欢去没有疏浚的山谷里漫游。那里没有开凿的道路，没有各种避开危险的指示，没有人为的景观，自然也鲜有人迹。

但是，那些地方，总是会有意外的惊喜，总是会有珍稀的奇观，总是会有许多的意料之外。比如，常常会发现清澈的山泉，常常会遇到叫不上名字的奇鸟异兽，至于那些珍贵的树木和花草就更是常有的收获了。

在峡谷的纵深处，在深山的苍翠里，遇见一个飘着炊烟的石头屋或者小木屋，遇见几个采药或者狩猎的农人，就更加不足为奇了。

每当这样的时候，我就常常想，如果按照规划好的道路前行，也许没有意外的收获，虽然在前行的道路上多了几分安全，多了几分保障。

有一次去北戴河参加《思维与智慧》杂志社的笔会，邂逅安徽作家王飚。笔会即将结束的时候，杂志社统计返程车票，他拒绝了。他说，他要一个人去内蒙古大草原。原来，王飚是一个喜欢旅行、四海为家的人。他每年都有两次单独一个人的外出旅行，没有明确的目的地，没有旅伴。他带着一顶帐篷、一架相机，背着一个简单的旅行包就上路了。

他告诉我，如果再去了内蒙古大草原，全国没有去过的地方，估计就剩一个西藏的墨脱了。

我真羡慕王飚。这样的朋友，在山东我也有好几个。只要到了夏天的假期，他们就从朋友和家人的视野里消失了，消失在不知名的地方。

我能够想象得出这些人的超然和快乐。其实，我也喜欢一个人坐车去旅行，一站接着一站的前行，没有目的地，只是在路上。我不属于任何风景，也不属于任何组织，我只属于我自己。

这个时候，所有的责任和义务都消失了，所有的追逐和名利也消失了，所有的身份和地位也不复存在，我只是一个普通的自己，没有了疲惫的仰望，也没有了倦怠的伪装。我只有一件事，就是安静地坐在窗口，欣赏不断迎面而来的风光。

任何一个人心灵深处，都会有这样无拘无束的漫游，只是有的人变成了生命的现实，大多数人都只是想想而已的奢望。

有一个常年坚持旅行的朋友有过这样的喟叹：在中国，如果你没有到过柴达木和吐鲁番，没有到过西藏和塔克拉玛干，没有到过长江与黄河的源头，你就不能算有过真正有意义的旅行。因为，相比那些经过精心打磨和修饰的人为景观，像西藏这样接近天堂的地方，留给我们的是大美、壮阔和神奇。

在崇山峻岭和幽深的峡谷中摸索穿行，当激荡的山风呼啸而来，当清澈的水流滚滚而来，你就不会有一个人冒险的畏惧和孤独，有的只是生命融入大自然壮美奇观时的震撼与感动。

幽默的智慧

当我们遭受羞辱或者陷害的时候，我们通常会选择暴跳如雷或者迎头痛击。其实，这样只能使我们遭受的痛苦更深而已。我们完全可以用一种含蓄而优雅的方式来应对，既保持自己的尊严和体面，又使对方无地自容。

美国第 26 任总统西奥多·罗斯福下野后，曾作为威廉·塔夫脱总统的特使，参加了英国国王爱德华七世的葬礼，并安排葬礼后与德国皇帝威廉二世会晤。

德皇傲慢地对罗斯福说："两点钟到我这里来，我只能给你 45 分钟时间。"

罗斯福回答说："我会两点钟到的，但很抱歉，陛下，我只能给你 20 分钟。"

如果我们的家被盗了，那么应该怎么办？是报警，还是不停地抱怨家人丧失警惕？

罗斯福的家也曾被盗过，一位朋友闻讯后，忙写信安慰他，劝他不必太在意。罗斯福给朋友写了一封回信：亲爱的朋友，谢谢你来信安慰我，我现在很平安。感谢上帝：第一，贼偷去的是我的东西，而没有伤害我的生命；第二，贼只偷去我部分东西，而不是全部；第三，最值得庆幸的是，做贼的是他，而不是我。

对任何一个人来说，失盗绝对是不幸的事，而罗斯福却找出了感恩的三条理由。

很多时候，尤其是对于那些掌握一定机密的人，面对涉及机密的询问时，往往拿不出礼貌的方法维持原则。罗斯福也遇到过这样的情境，但是，他用这样的方式既没有得罪朋友，又维持了自己的原则。

罗斯福在任美国总统以前，曾在海军部供职。某日，一位朋友问及海军在大西洋的一个小岛筹建基地的秘密计划。罗斯福特意向四周望了望，然后压低声音问：“你能保守秘密吗？”

“当然能。”

“那么，”罗斯福微笑着说，“我也能。”

伏尔泰是法国启蒙时代的思想家、哲学家、文学家，启蒙运动公认的领袖和导师，被称为“法兰西思想之父”。一次，在一个作家聚会的场合，他将一位并不在场的同时代作家赞扬了一番。一位朋友当场指出：“听到你这样慷慨地赞扬这位先生，我感到非常遗憾。要知道，这位先生在背后经常说你的坏话。”

伏尔泰耸耸肩膀说：“这样看来，我们两个人都说错了。”

海涅是著名的德国诗人，是犹太人。他在参加一个聚会的时候，一个旅行家对他讲述了自己在环球旅行中发现的一座小岛。

他对海涅说：“你猜猜看，在这座小岛上什么现象最使我感到惊奇？”

“什么现象？”海涅问道。

旅行家冷冷地笑了笑，恶意地讽刺说：“在这座小岛上，竟没有犹太人和驴子！”

海涅不动声色地反击道：“如果真的是这样的话，那么我和你到小岛上去一趟，就可以弥补这个缺陷了！”

伟大的爱尔兰剧作家萧伯纳是一个非常幽默的人。有一天，萧伯纳应邀参加了一个丰盛的晚宴，席间，有一个青年在大文豪面前滔滔不绝地吹嘘自己的天才，好像自己天南海北样样通晓，大有不可一世的气概。起初，萧伯纳缄口不言，洗耳恭听。后来，愈听愈觉得不是滋味。最后，他终于忍不住了，便开口说道："年轻的朋友，只要我们两人联合起来，世界上的事情就无一不晓了。"那人惊愕地说："未必如此吧！"萧伯纳说："怎么不是？你这样精通世界万物，不过，尚有一点欠缺，就是不知夸夸其谈会使丰盛的佳肴也变得淡而无味，而我刚好明了这一点。咱俩合起来，岂不是无一不晓了吗？"

有一天，瘦削的萧伯纳碰到一位大腹便便的商人，商人讥讽道："看见你，人们会以为英国发生了饥荒！"萧伯纳回击道："看见你，人们就会明白饥荒的原因了。"

一次萧伯纳在街上行走，被一个冒失鬼骑车撞倒在地，幸好没有受伤，只虚惊一场。骑车人急忙扶起他，连连道歉。可是萧伯纳却做出惋惜的样子说："你的运气不好，先生。你如果把我撞死了，就可以名扬四海了！"

一往无前

在古希腊的一个时期，人们坚持这样一个做法。如果一个人在民众集会时提出一条新的法律，他就必须站在高高的讲台上，在讲台的半空中悬着一条绳索，这个人必须用绳索套住自己的脖子后再宣读他倡议的法律，然后等待民众的通过。如果法律通过了，民众会为他拿掉套在脖子上的绳索；如果没有通过，民众就会把讲台拿开，给那个人执行绞刑。

虽然不断有人因此丧命，但是古希腊每年都有人提出新的法律，不断有更加完善的法律诞生。那些被判了绞刑的人，因为人们敬重他的胆识和勇气，为他举行隆重的国葬。正是他们的前赴后继，才有了古希腊灿烂的文明。

事实上，不论是哪个时代，具有大无畏精神和胆识的人，才会走上成功的殿堂。一个瞻前顾后、畏首畏尾的人，是不会有什么建树的。

成功者的行列里，永远都是一往无前的人，都是大无畏的人，都是敢于担当的人。

圣洁的莲花

黎巴嫩作家纪伯伦有一句诗："灵魂绽放它自己，像一朵有无数花瓣的莲花。"

是的，纪伯伦就像他的诗句，虽然生命只有短短的 48 岁，但是，却像圣洁的莲花那般耀眼夺目地开放。

他的作品《先知》，自从被冰心翻译到中国以后，就一直深深地影响着一代又一代的中国人。

"你所拥有的一切，有一天都得给出。"

"悲伤在你心中切割得越深，你便能容纳更多的快乐。"

当我们读了纪伯伦这些诗句的时候，我们就不难理解，他何以被称为"艺术天才""黎巴嫩文坛骄子"。他是阿拉伯现代小说、艺术和散文的主要奠基人，20 世纪阿拉伯新文学道路的开拓者之一。

1903 年 6 月，母亲离他而去。纪伯伦曾经用一幅画描绘了母亲临终前的瞬间，题为《走向永恒》，画中母亲的面容没有一丝的痛苦，显得十分从容平静。纪伯伦日后在回忆母亲对他文学创作的启迪时说："我的母亲，过去，现在，仍在灵魂上属于我。我至今仍能感受到母亲对我的关怀，对我的影响和帮助。这种感觉比母亲在世的时候还要强烈，强烈得难以测度。"

爱与美是纪伯伦作品的主旋律，在生命的最后岁月，他写下了传遍阿拉伯世界的诗篇《朦胧中的祖国》。他曾说："整个地球都是我的祖国，全部人类都是我的乡亲。"

在黎巴嫩，纪伯伦的名字是神圣的象征，不论你来自哪里，只要你说到了纪伯伦，你就是黎巴嫩的朋友。

心灵的港湾

我常常出去游走，去过遥远的大理、丽江和香格里拉，去过蒙古大草原，去过东海之滨，也去过塔克拉玛干的沙漠腹地。可是，每一次，总是怀着无边的渴望与憧憬出发，而当离开故乡越来越远的时候，却会突然产生对前路的茫然和孤独，内心深处开始渐渐生出对故乡的依恋和想念。

多少次这样的体验之后，我开始明白，一个人不论你的内心多么强大，你的心中总有一根绳索牵挂着你；不论你多么渴望自由，你的心中总有一个温暖的港湾想依靠。我甚至想，一个人就是一只风筝，线永远不能断，断线的风筝就成了一片随风漂泊的树叶，就成了随波逐流的浮萍。

我有一个朋友，旅居海外多年，他拥有耶鲁大学的博士学位，事业做得也很成功。每当我与他谈论这个话题的时候，他也非常赞同我的观点。他说，每一个旅居海外的人都有这样的感受，感觉自己是一个没有家的孤儿，没有人疼，也没有人爱。所以，我们这些人，不论事业做得多么成功，只要听到祖国又有了新的成就，就高兴万分；只要踏上故乡的土地，就热泪盈眶。

对此，我非常理解。我认为他们的感受与我去远方游走的心情是一样的，我们永远不能失去自己心灵的港湾。

时间可以让桑叶变成绚丽的锦缎

　　我一直都相信，人世间和自然界的很多安排，都自有其深意。坐在宽大的窗子前，眺望着远山，一幕幕往事总是络绎而来。我发现，每一个故事看起来是偶然的，其实都不是，它们的发生，自有它的必然。

　　年轻时的很多经历，甚至当时以为将要让自己万劫不复的错误，今天再回头看的时候，竟然发现都变成了一个个美好的回忆。甚至，有时候还发现，如果没有当初的错误带来的启示，就不会有后来的成功。

　　所以，当孩子从学校里打来电话，说他感觉自己有一个问题没有办法克服的时候，我总是这样对孩子说："孩子，等明天太阳出来的时候，你的问题就不存在了，不信你试试看。"

　　很多时候，我为青少年朋友题词："时间可以让桑叶变成绚丽的锦缎。"

　　孩子放暑假了，妻子说："我们去杭州吧，去看那里的'三潭印月'和'苏堤春晓'，去感受'断桥残雪'。"

　　我笑了，说，这三个景色，我们恐怕只能看到一个，因为"三潭印月"只有中秋才能看到，"苏堤春晓"是发生在春天的故事，而"断桥残雪"则是冬天里的风景。

　　一想到这些，我便对生活和时间充满了庄严和肃穆之情，对于大自然的一草一木充满了敬意，对于人世间的每一个生命，都丝毫不敢怠慢，而对于人生中的那些经历又充满了感动和神往。

对于我曾经的过失，我也释然了。因为我明白，它们如同那些光鲜的经历一样，是我生命中必然的份额。对于那些所谓的收获，我也没有那么在意了。我明白，它们是我努力的结果，是水到渠成，没有什么令人骄傲的。

没有一朵花会错过季节，没有一棵小草不会发芽，每一个人都是大自然中的重要一员。

莫为琐事奔波

"不要让自己为那些无关紧要的琐事奔波。"这句话说起来容易，其实，真正能够做到的人却很少。

我们身边的每一个人，似乎都在忙。可是，到底忙什么呢？是忙为之奋斗一生的事业吗？是忙可以改变命运的事情吗？是忙我们十分热爱的事情吗？

当面对这样的质问，我相信，有很多人会茫然无语。因为，审视自己每一天忙忙碌碌做的事情，我们会发现，没有多少实际的意义，这些事情与我们一生的事业无关，甚至，忙碌的事情与自己的前程背道而驰！

这样的思考，会让我们不寒而栗。因为我们自己浪费了多少大好的时光，浪费了多少宝贵的机会啊，做了多少早就应该放弃的、没有意义的蠢事啊。

我们的一生，没有多少时间可以让自己肆意挥霍。我们读书到20多岁，60岁以后就进入了老年，中间用来建设事业大厦的时光不过就是30多年的光阴。如果20多岁到30岁之间再忙着找工作，忙着结婚，忙着生孩子，不觉间，算算时间，也就是20多年了。

20多年的时光，你会发现，转眼即逝。其实，这样的例子很多。几年不见，当你遇到故旧，你会发现，原来起点本来是差不多的两人，人家现已经成为所在领域的精英翘楚。你身边的年轻人，你还没有怎么在意，有一天你突然发现，自己在各个方面都落在人家后面了。原因很简单，你每天忙碌于那些没有什么意义的琐事，而人家一直在做大事。

必须学会管理自己，学会梳理自己的每一天，去做最有意义的事。只要这件事情与你一生的目标相一致，即便取得一点点的成绩，也会给你的事业大厦添砖加瓦。

也许有人会说，很多琐事是必须要做的。如果你认真权衡一下，那让你浪费一个小时或者半天的琐事，如果你不去做，你会损失什么？如果你不会有什么损失，这样的事情就是没有意义的事情。

也许有人会说，人的一生大多平平淡淡，没有多少大事可做啊。其实，很多崇高的目标，分解到一天当中，都是微不足道的。不论是伟大的科学研究还是伟大的艺术作品，都是靠一个数字一个数字的累加，都是一个字一个字的积累完成的。如果你为自己订立了一个看起来遥远的目标，一天天坚持做下来，你会发现，成功也就水到渠成了。

如果我们这样冷静下来思考，我们每一个人，不论学历高低，都完全可以放弃一些没有意义的琐事，找到一个人生目标，并为之奋斗！

每次我与青年朋友在一起，我都这样说：如果一个人的一生中每一天都拿出一定的时间做同一件事情，这个人将来一定有大成就。毫无疑问，所有的杰出人士都是这样自律，所有的成功者都是为了自己的目标一往无前、坚忍不拔的人。

事情并不复杂，只要大家去做。

做自己

　　发现自己的长处，明白自己的兴趣所在，并不是那么简单。有很多人一生都在做着自己不喜欢、不擅长的职业。

　　有的人有艺术天赋，但是，一生却在仕途道路上磕磕绊绊，最终一事无成。有的人有经营理财的长处，但却恰恰去从事艺术行业，结果，没有积累下财富不说，艺术上也没有什么成就。有的人酷爱研究历史，但是上大学却选择了一个建筑专业，一辈子在读历史和建筑学之间徘徊，结果可想而知。有的人擅长逻辑思维，却做了要发挥形象思维的工作。有的人擅长形象思维，却做了要发挥逻辑思维的职业。

　　我们每一个人都具有一种或者几种与生俱来的禀赋，这是毋庸置疑的。这种禀赋，是你天生感兴趣的，是你天生就喜欢的，更是你擅长的。如果我们在青少年时代就发现了自己的这种禀赋，无论读书还是工作都与自己的禀赋一致，你就能少走弯路，成为这个领域中的精英翘楚。比如，一个擅长理财的人从事了商业，一个喜欢艺术的人从事了艺术，一个爱好文学的人从事了写作，一个喜欢政治的人走上了仕途……

　　相反，如果一个喜欢艺术的人走上了仕途道路，他也许会一败涂地。因为，一个艺术家的气质是张扬个性、无拘无束，而一个政治家则需要含蓄内敛、大智若愚。最终的结果，是不难想象的了。

因此，发现自己的长处，了解自己天生的秉性，可能是人生第一位的课题。你只有选对了这个课题，才会走上事业成功的康庄大道；一旦选错了，你的人生道路必然是荆棘丛生。

　　我就曾经在 20 多岁的时候面临这样的抉择。22 岁时，我大学毕业后分配到故乡的县政府给县长做秘书。面对这样的锦绣前程，是确确实实让我振奋了很久的，我甚至给自己制订了一个连轴转的工作计划。

　　我是学中文的，自幼就做着美丽的作家梦，成为一个作家是我一生的梦想，但我想既然走上了仕途，我就应该试一试。虽然我不想因为走上仕途而放弃创作，但我决定工作第一。机关里的工作是忙碌而凌乱的，随时都会有突发性的工作，如果想找一段宁静的时间来写作几乎是不可能的。白天几乎时刻都在县长的身边处理日常事务，夜晚也有很多时候是在会议室里或者酒宴上。从来也没有星期天和节假日，想在家里休息一天几乎是不可能的。我所热爱的创作，只能在县长休息的时候，在县长到省市开会不允许带秘书的时候去完成。我在那个位置上做了 7 年，这几年虽然我创作的心没有死，但创作却仅仅是内心深处的一泓清泉，没有流淌。可是，那个让我付出了几乎所有的青春、精力和岁月的仕途，它又给了我什么呢？我所在的县政府机关曾经有三次人员提拔，每一次都有三四个人被提升到领导岗位上去。每一次我都是因为年轻，而被领导做工作让给年龄大的同事。每一次领导都说，这些同志年龄大了，以后就没有机会了，你还年轻，以后有的是机会，再耐心地等几年。我发现，自己不喜欢政治，并不适合走仕途。

　　县城里像铁桶一样的空气和网络笼罩着每一个人，只要你不是网络中的成员，你就只能做看客。当我恍然大悟了以后，我开始认真地思考自己的未来。我在想，我不是曾经有过美丽的憧憬吗？我不是曾经有过远大的抱负吗？我不是曾经梦想成为一个作家吗？是的，我还不到 30 岁，一切都可以重新开始。而且，我坚定不移地相信，创作不像仕途，在创作的领域里，一分耕耘一分收获，只要付出了，就一定会有结果。

在一个夜深人静的夏日，我默默地走在县城那熟悉的街道上，看着街旁一个个熟悉的窗口，我决定远行。

1992 年，我辞去了秘书的职务来到都市，从事自己喜欢的写作事业。20 多年的时间过去了，我沿着这条与自己的禀赋完全契合的道路一路走来，终于登上了文坛的一个个台阶，实现了自己的梦想。

夜静天高，我常常扪心自问，假如我在当年没有做出那个果断的决定，循着自己的禀赋重新选择自己的人生道路，任凭自己的心灵和理想在那个小县城里随波逐流，今天将不知是什么样子。一定还是那个忙碌的，永远找不到自己位置的小干部。而今天，我却自信地站在属于自己的土地上，自信地将一个个思索积累起来，构建营造起美丽的文学殿堂。

第三辑

总有一个目标召唤着我

　　我几乎没有犹豫过，也没有退缩和绝望过，更没有软弱过，因为，我总是向那个美好的目标眺望着，总是怀抱着美好的愿望和理想遥望远方。

心态的力量

　　一个人具有什么样的心态，就会有截然不同的人生。如果你的心态始终是积极向上的，生命的阳光必会将你的前程照亮；但是，如果你总是消极地对待生活和人生，你所有的希望就会渐次破灭。它就像一剂毒药，使你的意志逐渐消沉，精神慢慢泯灭，失去前进的动力和方向。

　　日本企业家西村金助原本是一个身无分文的穷光蛋，但是他从没对自己有一天能成为富翁的信念产生过怀疑，他始终相信自己可以成功。西村金助借钱办了一个制造玩具的小沙漏厂。沙漏是一种古董玩具，它在时钟未发明前用来测量每日的时辰。时钟问世后，沙漏已完成它的历史使命，而西村金助却把它作为一种古董来生产销售。

　　本来，沙漏作为玩具，趣味性不多，孩子们自然不太喜欢，因此销量很小。但西村金助一时找不到更适合的工作，只能继续干老本行。最后沙漏的需求越来越少，他只得停产。但他并不气馁，他相信自己能够战胜眼前的困难，于是决定先好好休息，放松一下。他每天都找些娱乐活动，看看棒球赛，读读书，听听音乐，或者领着妻子、孩子外出旅游，但他的头脑一刻也没有停止思考。机会终于来了，一天，西村金助翻看一本讲赛马的书，书上说，马匹在现代社会里失去了它运输的功能，但是又以高娱乐价值的面目出现。

在这不引人注目的两行字里，他好像听到了上帝的声音，高兴得跳了起来，心想："赛马骑用的马匹比运货的马匹值钱。是啊，我应该找出沙漏的新用途！"

就这样，从书中偶得的灵感，使西村金助重新振作起来，把心思又全都放在他的新沙漏设计上。经过几天苦苦的思索，一个构思浮现在他的脑海：做个限时 3 分钟的沙漏，在 3 分钟内，沙漏里的沙子就会完全落到下面来。把它装到电话机旁，这样打长途电话时就不会超过 3 分钟，电话费就可以有效地控制了。

想好方案后，西村就开始动手制作。这种沙漏在设计上非常简单，只需把沙漏的两端嵌上一个精致的小木板，再接上一条铜链，然后用螺丝钉钉在电话机旁就行了。不打电话时，还可以用它做装饰品，看它点点滴滴地落下来，可以调节现代人紧张的生活。

担心电话费超支的人有很多，西村金助的新沙漏可以有效地控制通话时间，售价又非常便宜。因此产品一上市，销路就很不错，平均每个月能售出 3 万个。这项创新使原本没有前途的沙漏转瞬间成为对生活有益的用品，销量成倍地增加，面临倒闭的小作坊很快变成了一个大企业。西村金助也从一个即将破产的小业主摇身一变成了腰缠亿贯的富豪。西村金助成功了，赚了大钱，而且是轻轻松松，没费多大力气。如果他不是一个心态积极的人，如果他在暂时的困难面前一蹶不振，他就不可能东山再起。

挫折是一把双刃剑，如果我们像成功的西村金助那样，始终相信自己能行，挫折这把双刃剑就会产生巨大的能量，助力我们走向成功。

心在路上

我一直在路上。

最近的一些日子，我一直在行走中。

我有大段大段的时间居住在我故乡的梅园里。我曾经在那里生活了接近二十年，幼年、小学、中学的时光都是在那里度过的。后来，考上大学，来到城市。大学毕业后，我被分配到了故乡的县城，不久又奋斗出来，到了大城市发展。

可是，到了中年，在城市里打拼了20多年以后，我突然间想念起我的故园，想那里的枣树林、荷塘，想村子周围可以爬上去登高望远的海子墙，想那里的沟沟壑壑，想那里的人和事，想那里的一草一木。

三年前，我用一个春天的时间回去建了一个很大的院子，我给它起了一个名字——梅园。我喜欢梅花，爱人的名字中也有一个梅字。

有了梅园，我就常常回去居住了，有时一两天，有时三五天，有时甚至居住半个月之久。

间隔了20多年的岁月，一下子都消失了，我的记忆，几乎没有什么缝隙地衔接起来了。乡村里质朴的音乐，乡村里细腻的婚丧习俗，街巷里树梢上重重的月光，都回到了我的视野里。

白天空闲的时候，我去乡亲们的家里串门，看看村里的老人和孩子，看看他们的生活，也到田野里看乡亲们劳作的情境；夜晚的时候，就邀请小时候的故旧到我的梅园里来喝茶，拉拉家常，听他们讲自己的故事。

乡村里的一切，都让我陶醉。

不久前我因为一篇作品获奖，要去深圳领奖，去了广州和深圳。到了广州，自然要去珠江两岸，去看广州最高的建筑——广州塔，去看最繁华的街道——上下九商业步行街。可是，珠江两岸璀璨的夜色与广州塔的雄伟都没有留住我的脚步，我花费很多的时间去了中山大学。为什么要去那里？因为，那里是我崇敬的学者陈寅恪最后生活、工作二十余年的地方，他在那里著书立说，在那里享受国士的待遇，也在那里遭受了"文革"的摧残，最后又在那里度过了自己最后的时光。

我想的是去那所校园里感受陈寅恪的气息。当地的朋友说，可以与校方联系一下，给我的参观提供一些方便。我拒绝了，我说，我要用自己的眼睛去感受。

在校园里，我问了6个不同年龄段的人，看起来像学者、教授或者研究生。我向他们打听陈寅恪当年居住的小楼，打听大师的一些信息。遗憾的是，没有一个人知道陈寅恪。他们对于陈寅恪一无所知，他们不知道中国最有学问的一代大师曾经在这里工作和生活过，他们不知道陈寅恪曾经是中大的骄傲和自豪。

我并没有为陈寅恪在中大人心目中消失而悲哀，我把这归结于岁月。40多年了，已经接近半个世纪，能怪罪谁呢？

我带着在中大的遗憾，从广州越过虎门跨海大桥去了深圳。用任何词汇都难以形容虎门跨海大桥的雄伟。但是，看到虎门两个字的时候，我立刻想到了当年林则徐在这里掀起的焚烧鸦片的运动，那是我们民族不屈不挠的发端。

到了深圳，下榻在东部华侨城具有异域情调的茵特拉根小镇。徜徉在仙境一般的小桥流水间，我想，不久之前，这里还是一个贫穷落后的沿海渔村，而如今，却已经可以与世界上任何美丽的风景相媲美了。

所以，深圳人在最醒目的广场上为邓小平同志建了巨幅画像。我在小平画像前留影，因为我钦佩这个改变了中国的巨人。

深圳的朋友又安排我住在小平画像附近的高楼上，这是我的要求，因为，从居住的窗子里就可以望见香港。隔着那一道铁丝网，我看见了香港的稻田，看见了香港的楼群，还看见了公路上奔跑的汽车。

我想象着当年邓小平同志站在这附近的某一个高楼的窗子里眺望香港的情境。他的愿望最终成了现实——他用自己的智慧，改变了中国。

又回到了我生活的城市，重新坐在宽大的书房里。但是，我的心，依然在路上。

总有一个目标召唤着我

回故乡参加一个同学母亲的寿宴，见到了多年未见的一些老朋友。他们大多一直没有离开过故乡。大半生了，无论读书，还是工作和生活，他们一直没有离开过故土。所以，大家就对我这个在外漂泊了20多年的朋友多了一分关心，也多了一分好奇。很多人都在问我：还打算回故乡吗？在外面总是多了一些艰难和风雨，是一种什么力量一直支撑着你前行？还有人问：当初年轻的时候，在故乡你的工作前程也是很好的，为什么突然一个人离开故乡选择到外面打拼？

我这样回答朋友们：从很年轻的时候开始，我就一直感觉，有一个遥远的目标召唤着我。而我也一直相信，在人世间，有很多路途，是一定要一个人单独去走；有很多时候，是需要单独去面对的。

而支撑着我的力量，其实一直存在于我的内心深处。这是一种对未来、对远方的神圣的渴望，我渴望自己能够到远方找到一个神秘宁静的世界，那里不仅水草丰美，而且人文繁盛，我可以充分发挥自己的聪明才干，那里还有我很多神交多年的志同道合的朋友。

朋友们说，大家都知道你取得了很多成绩，但是，也知道你付出了很多常人难以承受的辛苦。

我很感动于这些故乡朋友对我的理解，这种理解给予了我莫大的宽慰和温暖。20多年了，我依然在自己选定的文学之路上艰难跋涉着。这些年来，我每当经过一段时间的摸索，克服了难以逾越的困境和艰辛，到达一个平台的时候，虽然有过很多暂时的荣誉与光环，但是，我几乎又都毫不犹豫地选择了继续前行。因为，这个时候，我从一个更高的平台上，看到了远方更加美丽的朝霞。

而一路上经过的那些艰难困苦，都变成了新征程的经验和宝藏，使我变得更加坚韧和强壮。

我几乎没有犹豫过，也没有退缩和绝望过，更没有软弱过，因为，我总是向那个美好的目标眺望着，总是怀抱着美好的愿望和理想遥望远方。

我说了这些以后，朋友们还是有很多的疑虑，大家纷纷问我，你说的那个目标究竟在哪里呢？如果你一生都到达不了呢？

我说，那个目标永远在我生命的远方，我已经若干次到达过它的身旁，但是，当我接近它的时候，它又攀上了另一个山岗。

总有一个目标在远方，每一次的峰回路转，都是一片奇美的风景，我这样告诉朋友们。

淡淡的乡愁

　　我们每一个人的心灵深处，都有那一抹挥之不去的淡淡的乡愁。

　　乡愁从什么时候占据了我们的心田？它从我们离开母亲的怀抱，走进学堂的那一刻，就如一粒种子，在我们的灵魂深处开始生长了。

　　我们离开故园，离开故土，乡愁就如一根绵长的线，越来越长，渐渐成为心灵深处一只带线的风筝。

　　其实，乡愁不仅仅是我们思念故园的情怀，还是我们对已经消逝的难忘经历的眷恋，对于孩提时代的美好怀念，还有一种隐隐的对国家民族历史的远古向往。

　　这些情怀，当我们每一天沉浸在自己的生活节奏中的时候，它们隐藏在我们的心灵里暗暗发酵。当夕阳西下，当我们身处羁旅，孤独漫步，或者当做事孤立无援的时候，所有那些脚下的弯曲小路，天空的一片浮云或一对飞鸿，眼前的一丘山岗或一方荷塘，远处的一片树林或散漫的羊群，都变成了浓郁的乡愁情怀，瞬间就弥漫了我们全身。此刻，如果你是一个诗人，必然悲从中来，吟诵出一首充满乡愁的诗。如果你是一个普通的行人，也必然会顿生出万般的凄凉和哀愁，甚至会生出无边的惶恐。

　　说到乡愁，当代最有名的乡愁诗是台湾作家余光中的《乡愁》："小时候乡愁是一枚小小的邮票，我在这头，母亲在那头。长大后，乡愁是一张窄窄的船票，我在这头，新娘在那头。后来呀，乡愁是一方矮矮的坟墓，我在外头，母亲在里头。而现在，乡愁是一湾浅浅的海峡，我在这头，大陆在那头。"

这首诗，以诗人一生的时间跨度为主线，先是以一个游子的情怀抒发自己对故乡家园、对母亲的绵绵思念，随着时光的演进，最后诗人把思念故乡、思念亲人的情感升华为怀念祖国的伟大的民族情怀。这样，诗就突破了一般平庸狭窄的思乡局限，具有了厚重沧桑的历史感。

还有台湾作家席慕容的那一首《乡愁》，也写得情意绵绵、意兴阑珊："故乡的歌是一支清远的笛，总在有月亮的晚上响起。故乡的面貌却是一种模糊的怅惘，仿佛雾里的挥手别离。离别后，乡愁是一棵没有年轮的树，永不老去。"

席慕容先写像笛子一样清新悠远的乡音，接着写乡情像迷雾一样的留恋和怅惘，最后用"永不老去"来表达乡愁在游子心中的永恒情怀。相比余光中的乡愁，虽然看似单薄了一些，却依然写出了乡愁的深邃与悠远，写出了乡愁在每一个游子心中不灭的惆怅情怀。

还有一首著名的乡愁诗，是崔颢的《黄鹤楼》："昔人已乘黄鹤去，此地空余黄鹤楼。黄鹤一去不复返，白云千载空悠悠。晴川历历汉阳树，芳草萋萋鹦鹉洲。日暮乡关何处是？烟波江上使人愁。"余秋雨先生在他的散文名篇《乡关何处》中谈到这首《黄鹤楼》时说："看来崔颢是在黄昏时分登上黄鹤楼的，孤零零一个人，突然产生了一种强烈的被遗弃感。"

这意境中的昔人、黄鹤、白云、芳草萋萋、日暮、烟波、江河，恰恰都是引来万端乡愁的情境，一个才华横溢的诗人，面对此情此景，怎么会没有这样的千古绝唱！

所以，面对这样的乡愁杰作，即使最伟大的诗人李白，也自愧不如、叹为观止："眼前有景道不得，崔颢题诗在上头。"

即使一个人一生没有离开过故乡，他的内心深处也依然有自己淡淡的乡愁，这种情怀会在一个不期而遇的黄昏，会在一个偶然的朋友聚会，也会在一个淅淅沥沥的雨天蓦然来访。

而我们这些离开了故土的人，自己的心灵，就永远难以拒绝绵绵不绝的乡愁了。在我们失意的时候，在我们孤独的时候，它就会随之出现在我们的眼前，给我们浓郁的温暖，也给我们无边的惆怅。

自知

　　自知，就是要知道自己的能力有多大，自己能给他人带来多少幸福，自己能在世界上承担多少责任与使命。认识你自己——希腊特尔斐神庙门楣上的这句话，自2400多年前的苏格拉底时期就悬挂在那里了。可是，人类至今对自己又知道多少呢？

　　《中庸》中有一句话："万物并育而不相害，道并行而不相悖。小德川流，大德敦化，此天地之所以为大也。"意思是说，万物一起生长而互不妨害，道路同时并行而互不冲突。小的德行如河水一样长流不息，大的德行使万物敦厚淳朴，这就是天地的伟大！

　　领悟了这句话，我们就不必崇拜哪些人，也不要鄙视哪些人，不要为自己的成就而骄傲，也不要为自己地位的卑微而自惭形秽。因为，在我们这个世界上，每一个人都有不可替代的位置，都有独到的价值，只不过大家所处的位置不同而已。

　　希腊哲学家第欧根尼曾经说："富有的人未必有钱，而有钱的人未必富有。"苏格拉底说："做个聪明而又有用的人。"

　　金钱只是一种证明，证明你是一个有能力挣钱的人。但可悲的是，很多有钱的人，以为拥有了金钱就拥有了世界。

　　当城市遭到进攻的时候，几乎所有人都在忙着带上最值钱的东西逃命，唯独哲学家毕阿斯什么也没有带，两手空空，却最先到达了安全的地方。有人问他，你难道没有什么值钱的东西可以带吗？

他回答道："我把最值钱的东西带来了，就是我的生命，还有比健康的生命更值钱的东西吗？"

当很多人为了带所谓值钱的财宝而没有来得及出城，结果遭到攻击而死亡，人们才明白哲学家毕阿斯的智慧。

我们应该自知，知道自己在某些方面是愚蠢的。有些暂时的利益看似十分诱人，但其实善行才是通往幸福的唯一道路。即使你拥有很多财富，也未必能赢得世人的尊敬。但是，如果以善行为己任，你会发现，何止是"赠人玫瑰，手有余香"，你得到的是整个世界。

最优秀的人就是你自己！确信这句话，是自知的开始，也是拥有智慧的开端。然后，寻找最佳的路径，点燃理想的火把，找到发挥自己能量的钥匙，开启属于你的世界之门。

人贵在有自知之明，我们要抓住一切机会学习知识，使自己成为一个有丰富学识的人吧。同时，还要拥有一个健康的体魄，不然，再丰厚的学养藏在羸弱的躯壳里，没有能力施展才干，知识也就失去了光芒。

如果我们遇到了一个每天都朝气蓬勃地追求梦想的人，一定要紧紧追随他的脚步，我们也会在他的感染下，放下生活中的琐碎，抛弃人生的颓废与沮丧，变成一个意气风发的人。

义无反顾地一头走到黑

不久前，我与著名诗人桑恒昌聊天。他对我说："一个杰出的诗人，就应该是义无反顾地一头走到黑，然后继续再往黑处走。"我说："我也一直这样认为。"

我常常告诉青年朋友，我一直坚信自己是走在一条赶赴盛宴的路上，远方有一场盛宴正等待我的光临，我没有时间停下来，也没有时间旁顾左右，等待他人的认可与赞同。

如果我们有一个远大的目标，面对人世间的各种境遇，我们就应该有一颗平静的心。世间总是有很多无可奈何的安排，总是有很多让我们措手不及的事情，总是有很多令人心碎的结局……

只是，我们要记住，无论处于什么境地，都别忘了细细体味那些我们经历过的欢喜与悲伤。因为，那些经历都是命运给我们的宝贵财富，它们会伴随我们一路前行，成为我们未来人生路上照亮前程的灯光。

每一次单独驾车远行，在苍茫辽阔的山川之间穿行，我总是不自觉间用一颗悲悯的心回忆自己的过往。很多时候，那些渐渐涌上来的感伤情绪，使我无法驾驶车辆继续前行，我不得不停下车，伏在方向盘上让泪水尽情流淌。

那些美好的经历让我感动，那些悲伤的经历给我感伤。可是，我感觉，它们在岁月的身影之中，都已经成为温暖我的力量。

甚至，那些曾经让我怅惘伤怀的别离，也已成为一种美好的记忆。那些细节，那每一次的回眸，都闪耀着动人的光泽。那些曾经让我痛苦不堪的挫折，都成为生命中的坚强，它们像挺拔的山峰，耸立在人生的路上，指引着未来的前程。那些曾经让我愤恨恼怒的中伤，那些曾经让我耿耿于怀的失败，更成为成功的财富，不断启示着我探索新的方向。它们都在明媚的阳光下，呈现着欢快的情绪，沿着原野的小路，络绎而来。

对于一个有着远大抱负的人来说，缺少的是那种坚定的自信。而这种自信非常重要，因为正是激励人一往无前的自信，才给你前行的力量，让你在遇到困境的时候无所畏惧。

可是，很多人总是犯这样一个低级错误，明明是一个正确的人生选择，却总想得到其他人的认可。我们常常在生活中看到这样的情形，一个人为了得到别人的认同，停下自己的脚步，不厌其烦地向别人解释。

结果是显而易见的，不仅耽误了自己的行程，也贻误了很多机会。

其实，你自己选择一条适合自己的人生道路，为什么非要得到他人的认可呢？难道他人的认可能给你带来切实的帮助吗？未必。

所以，一切都要依靠你自己，没有人为你拭去失望的泪水，也没有人总能在关键的时刻助你一臂之力。

努力做一个会思考的人

我们要努力做一个会思考的人。

印度的伟大诗人泰戈尔与黎巴嫩诗人纪伯伦并称为"站在东西方文化桥梁的两位巨人"。泰戈尔这样告诫我们："一心想增加自己力量的人，会忽视其他任何东西，和自己相比，世界上其他东西都是不真实的，因此，人类必须从个人的私欲的束缚中解脱出来，我们必须进行这种修炼，承担社会的义务，分担同胞的负担。"

对于一个人来说，谦逊和自知十分重要。托马斯·杰斐逊是第三任美国总统，同时也是美国民主共和党的创始人。晚年，杰斐逊总结自己的一生时说，一辈子只做了三件有意义的事：提出并获通过弗吉尼亚州的宗教自由法案，联合参与起草《独立宣言》，创建了弗吉尼亚大学。而对于创立共和党以及担任美国总统，他却只字未提。他这样告诫人们："不要因为别人相信或者拒绝了什么东西，你也就去相信或者拒绝它。上帝赠予你一个用来判断真理和谬误的头脑，那你就去运用它吧。"但是，他的谦逊却丝毫也没有降低他在美国人民心中的分量。林肯这样评价杰斐逊："美国的每一个政党，都遵杰斐逊为它的导师。"

在我们这个世界上，成就之大如杰斐逊者并不多。面对这样一个谦逊的人，相信会让很多不遗余力地为自己树碑立传的人汗颜。

如果要成为一个杰出的人，你必须每日都不能懈怠。德国哲学家尼采是西方现代哲学的开拓者，他的哲学思想深刻影响了一代代哲学家、思想家和艺术家。他总是这样告诫那些懈怠的人："每一个不曾起舞的日子，都是对生命的辜负！"

生活本来就是不公平的，有人出生在富贵之家，生下来就成为掌上明珠；有人出生在贫寒之家，生下来就随时有饿死的危险。理解了这些之后，就要学会适应它，努力改变它，而不是一味地抱怨和责怪。

生活并不会在意你的自尊，你必须在自我感觉良好之前取得一定的成绩，你的自尊才会得到承认和赞同；否则，就是自讨苦吃的虚荣。

机遇只给有准备的大脑，财富只给付出努力的双手。但是，在生活中，我们却总能发现那些做白日梦的人，希望天上掉下金饼子砸在自己面前。

著作因其伟大的思想性而传世。现在有很多作家出书，他们都希望自己的著作能够传世。其实，能够传世的是思想，如果没有思想，"著作"也不过是一堆垃圾而已。英国作家弗朗西斯·培根的著作并不多，但是，他薄薄的一本《培根论人生》的书却在全世界流传不衰。他说："在人类历史的长河中，真理因为像黄金一样重，总是沉于河底，却很难被人发现。相反，那些牛粪一样轻的谬误倒漂浮在上面到处泛滥。"

正如森林的神秘和美丽在于它的丰富多彩，百鸟争鸣，我们人类世界也不能只有一种声音，不能只有一种色彩，这样不仅会使我们的生活单调，也会扼杀很多极其宝贵的人类智慧。这时候，知识分子就应该站出来，担负起唤醒的责任。

引导一个民族进步的，永远是伟大的思想者。

时光的恩赐

　　我的阳台前面就是一条繁华的街道，每当站在阳台上看过往的行人，总能引起我无边的遐思。

　　有时看到一群群孩子们嬉笑着、追逐着奔跑，有时看见一个青年人匆匆前行，有时看见一对年老的夫妇相扶着慢慢走过。我总是用目光送他们远去，而心中却升起对时光的敬畏。这就是时间啊，时间并没有随风远去，而就这样行走在我们的目光里。

　　时间消失在岁月深处了吗？没有，时间像刻刀一样，留在我们的记忆里，留在我们的眼前。

　　人到中年，你还走在你年轻时代选择的路上吗？你还在坚持你最初的梦想吗？很多人放弃了，变成了一个随波逐流的人。当某一天，见到多年未见的朋友，看到人家取得了非凡的成就，衣着光鲜，众星捧月，你或许会想：这些年没有见，人家是怎么坚持下来的？

　　很简单，时间被你轻易地放逐了。多少年过去了，你依然两手空空，而人家却把时间镌刻成了永恒的风景。

　　我所在的小区，很多住户都搬来好多年了，大家彼此渐渐地熟悉起来。经常有人家办喜事，也经常有人家为老人办丧事。有的人家喜添子孙，也有的人家有钱了便搬到附近的别墅区里居住。有的楼上人家半夜里突然出来吵架暴打的声音，也有的人家一直都安安静静，没有任何声息。

当夜晚来临，华灯初上，空气中渐渐弥漫起夜来香的清香。

我常常想，世界的每一个角落里都在时刻上演着不同的人生故事，而这正是我们的尘世，就是时刻行进着的时间啊。

傍晚时分，一对白发苍苍的耄耋老人拿着一个很大的相框从街上回来，他们把相框给每一个经过的人看，那是他们50年金婚的纪念照。他们喜气洋洋地说："我们一辈子没有正式照过相，结婚的时候都没有照，这个年龄了，孩子们非要我们照相不可。"老人的语气里，虽有怪罪孩子的意思，但更多的是情不自禁的喜悦。

我家里也有很多照片，有过去的老照片，也有很多现在的数码照片。有学生时代青春勃发的纪念，有到各地旅行的留念，也有各种特定场合的合影。

没有什么比照片更能确切真实地记录时间的痕迹了。在一张张不同时期的照片面前，时间无情地诉说着人生的成功和失败，诉说着人生的喜怒哀乐，也记录着生命的轨迹和苍老。

春节期间，我与几个朋友举行家庭聚会。朋友家的儿子因为在外地上大学，后来又继续攻读硕士和博士，所以有七八年时间没有见面了。他留给我最后的印象还是一个稚气未脱的少年，每次见到我总是问一些作文中遇到的问题。可是，今年春节的聚会时见到他，他已经全然没有了我记忆中的模样，不仅成熟多了，而且对国家时局、对人生未来侃侃而谈，不乏真知灼见。

我以一种全新的目光看着他，认真地倾听着他的话语，为孩子的成长和进步满心欢喜。

我儿子17岁时，我把他各个年龄段的照片粘贴在一起。看着孩子从一个襁褓中的婴儿渐渐长成一个英俊帅气的大小伙子，我第一次感到，只要有一种心情，我们就可以让自己的记忆暂时停留在一个地方，让自己一次次享受生命的甘甜和美好。

而这一切，都是时光的恩赐啊。

不论是成功还是失败，也不论我们是疾病还是健康，更不论我们经历了多少坎坷与磨难，我们都应该以一种平静的心情，像观赏绽放的花朵一样欣赏自己的人生。因为我们走过路过，悲伤过，也欢喜过，时间都像一把刻刀，把这些一一镌刻在了我们的生命中。

故乡的坑塘

我带孩子在故乡的村子里度假。

有几个孩子从我的门口经过，带着小渔网，说是村北"翻坑"了。

在城市里长大的儿子不明白"翻坑"是什么意思。我告诉他，"翻坑"就是说坑塘里的水被抽干露底，可以抓鱼去。

儿子没有见过这样的情景，我也是多年没有见过了。我们立刻带了一个小水桶和一个小网子，就沿着街巷去村北。

村北的坑塘，我是再熟悉不过了。这是我们村最大的一片坑塘，是我们小时候经常玩耍的地方，夏天洗澡游泳，冬天滑冰，而且印象中很少干坑过。记忆中，我在故乡生活的 18 年里，这片坑塘真正"翻坑"也就是三五次。因为面积大，水也深，每一次都是用抽水机抽很多天才把水抽干。快抽干水的时候，鱼都露出头来，村里组织人把大鱼逮上来之后，那些小鱼小虾就留给孩子们了。每到这时候，差不多村里的男孩子们都会到坑塘里去逮鱼，也经常会有一些大人逮剩下的大鱼被孩子们逮上来。

每到这个时候，村里就像赶上盛大的节日一样热闹，中午和晚上，几乎每一个家庭都会飘出炖鱼的香味。

我带孩子来到坑塘边的时候，坑塘里已经是满满的人了。坑塘基本还是我记忆中的样子，只是面积略小一些。17 岁的孩子平生第一次见到这样的情景，我看得出，他几乎被眼前满坑塘里黑压压的孩子们镇住了。孩子们不仅衣服上都是污泥，连脸上、头发上也沾满污泥，看不出确切面容，都在那里低头捞鱼。不时有孩子喊："逮到一条大的！"接着，就把鱼送到岸上来，交给自己的家人，然后再回到污泥里去继续捕鱼。

我们没有下去，一直看到天黑，儿子依然兴致勃勃。

乡亲们送给我们一条大鱼和一些小鱼。回到家里，儿子说："这么原生态的情景，真是难得一见。"

很多年了，我们已经见不到过去岁月里原生态的生活情景，见不到原生态的四季流淌的河流，见不到这种原始的捕鱼方式了。

村前的小河已经干枯很多年了，即便在雨季，水流也不是很大，完全无法重现我小时候夏天可以游泳、冬天可以滑冰的情景了。

我们已经有多久没有仔细聆听过鸟鸣，没有认真欣赏过野花，没有倾听过大风从树梢刮过的声音？我们已习惯了人们对于自然的破坏，习惯了那些看起来精致的人为景观，却忘记了大自然原本的美好。

我很高兴故乡的土地上依然保留着这样一片童年记忆中的坑塘。村里人告诉我，因为坑塘在村北，而我们村这些年一直往靠近公路的村南发展，所以这块坑塘就被保留下来。如果坑塘是在村南，恐怕早就填平建房建厂了。

我去过无数的地方，可我印象中的原生态的大自然面貌越来越少了。我想，无论社会发展到哪一步，我们都应该给后代留一座山，留一条河，留一片树林，让我们的子孙还能看到大自然本来的风景。

什么是幸福的生活

　　生活中，我们经常听到这样的牢骚：我要接送孩子上学，要督促孩子完成作业，要洗衣做饭，要收拾家务，要去应酬，要忙工作，累得要死，什么时候才能过几天轻松幸福的生活？

　　我想告诉有这种想法的朋友，你实在是大错特错了。你以为坐在咖啡馆里聊天、喝咖啡，就是幸福的生活吗？你以为没有孩子要你接送、要你监督，就是幸福的生活吗？你以为没有应酬，就是幸福的生活吗？你以为饭来张口、衣来伸手，就是幸福的生活吗？不，恰恰相反，正因为你有这么多的烦恼和痛苦，你才是幸福的，你才拥有幸福的生活。你想一想，在这个世界上，有一个可爱的孩子等着你去照顾，等着你去教化，等着你把他（她）培养成人，这是多么令人激动的事情，这是多么崇高的任务！因为你的付出，是在为你的未来买单，是在为自己的未来购买希望。

　　你这样想，你有很多的应酬，证明你被很多人很多事情需要，或者说你是一个群体的枢纽，人世间还有什么比被大家的关注和需要更重要的事吗？! 人生最可怕的是什么？是门可罗雀，无人问津。琐碎的家务是什么？是你休息的港湾不可或缺的部件，是你生活的润滑油，是你人生交响乐的一个个音符。

　　我的父母远在偏僻的乡村，每逢周末或者假日，我会暂时放下城市的工作和生活，驾车或者坐长途车回去探望他们。长途的劳累、工作的疲惫和身心的烦恼还存在吗？一切都没有了，一切都被巨大的幸福所吞没。这是多么幸福的时光，坐在父母的身旁，就像儿时的模样。幸福是实实在在的生活，是实实在在的烦恼，是实实在在的牵挂，是实实在在的每一寸时光。也许表面上我们有旅途的劳累，但实际上我们是幸福的。

什么是不幸？没有牵挂，无所事事，没有父母可以奉养，没有儿女可以教化，没有朋友可以交流，才是真正的不幸。中国有句话说得好："苦尽甘来。"你所有的烦恼和痛苦都是因为你有一个幸福的目标。你最终的目标是幸福的，这就是生活的全部内涵。

列夫·托尔斯泰认为，人生就是追求幸福。没有追求，没有理想，甘为平庸的凡夫俗子，是不会有幸福可言的，因为幸福往往隐藏在追求的过程当中。但是，人又应该对自己的理想有正确的定位，不能一味地沉湎于幻想之中。当自己在追求理想的过程中有了收获，就应该像农民那样载歌载舞地庆祝自己一个季节的收成。

这就是幸福，既要让自己的人生充满追求，又要对自己的努力心满意足。

颓废是幸福的天敌。一个颓废沮丧的人往往与幸福无缘。当然，幸福也是了解自己能力之后的心绪。一个人首先应该了解自己，才能正确制定切实可行的人生目标，才能享受到成功后的欢欣，才能品尝到幸福的甜美。如果不了解自己，制定的目标根本不可能达到，那么你一生除了苦苦追求之外，也许就没有幸福可言了。

秋意浓

秋意浓了。

我坐在窗前，端着一杯刚刚浸泡的茶，眺望着蓝天白云，享受这深秋的阳光，让窗外的景色慢慢梳理着繁杂的心绪。

是的，不论我们曾经辉煌过还是失败过，时光一如江水无法倒流。如果陷入回忆，我们不过是撑一只竹筏，逆流而上，去岁月的河流里寻找已经没有任何意义的、曾经的快乐与忧伤。那些如烟的往事，早已风化成时间的化石，在岁月的风尘里定格，不论我们怀着多少虔诚与不舍，它们都不会再改变丝毫的色彩。

我们唯一要做的，是放下，不要再让那些回忆固执地潜伏在你的内心里。那些辉煌，只不过是你过去的成功；那些过去的失败，也只能说明你过去没有做好，除此以外，对于今天的你已经没有意义。我们要放下那颗纠结的心，让心灵澄静，以"人生本无蒂，飘如陌上尘"的境界，去人生的下一个路口。

古人说："山重水复疑无路，柳暗花明又一村。"说得多好呀，古人一再提醒我们，总有下一个路口在等待着我们抵达。

很多时候，我们出发了太久，却忘记了出发的目的，让自己迷失在行走的路上。那么，我们就整理心情，修正坐标，找对方向，去下一个路口吧。

下一个路口，是我们对自己神圣的期待，是我们对生命庄重的承诺，是人生重整旗鼓的开端。只要我们怀抱必胜的信念，放下人生的块垒，拂去眼前的浮尘，就会收获人生的一个个惊喜。

秋意浓，人生之路亦如秋天那样，经历了时光的磨炼，才能收获幸福的果实。

世界从不匆忙

不论我们在红尘中经历了多少爱恨悲欢，最终都化成了茫茫云烟。

如果有这样一颗淡泊的心，无论人生的云烟如何飘落，你都不会再纠结。你简单，世界就简单。若用烦恼纠结的心去看世界，你便会无路可逃。

用一颗淡泊的心来看世界吧，等待你的，将会是一片美丽的风景。

即便寺院里的高僧每天都在谈论玄妙，他也离不开凡尘的烟火，他与我们一样要吃饭穿衣。所以，世界无处逃遁，你想让自己逃离到一个不食人间烟火的地方，几乎是不可能的。

我们要做的，就是让自己像欣赏天空飘忽的云烟一样看待我们眼前的世界，培养一颗豁达的心，让自己的心胸像山岳一样宽广，像天空一样晴朗。

那些折磨你的痛苦到底是什么？是嫉妒和仇恨，心胸狭隘，自私自利，而这些都是人性共同的弱点。它们每一天折磨的不是别人，是你自己。

我们计较的是什么呢？我们到底与谁较量？所有的华丽背后，往往都隐藏着岁月的苍凉。不如放下奢望，放下一时的得失，抬头看远方。

我最近常常给朋友们写一幅这样的字："大江东去，明月西来。"一个人，如果有了这样旷达的心胸，哪里还有烦恼？何处不是菩提？

我们每个人，不论生活在城市还是乡村，不论年轻还是年老，大家都感觉生活的节奏越来越快了，似乎我们身边的世界，正在疯了一样地向前奔跑。

难道世界变了吗？

每年春夏秋冬四季轮回，每天24小时分秒不差，我们的世界依然如故啊。天空的云彩依然，江河的流水依旧，树木花草一岁一枯荣，世界一直这样有条不紊地走啊，世界一直都没有丝毫匆忙啊。是我们自己把自己搞得紧张了，是我们自己变得匆忙了。

在这样一个我们自己把自己搞得匆忙紧张的时代里，你缺少的，也许正是内心的一分安宁，一分淡然，一分豁达。

我们既然来到这个世界，自然就不能回避生活中的爱恨情仇，不能回避人生中的酸甜苦辣。如果你感觉到了吃力和无奈，也不要灰心丧气，你要记住，人生没有完美的结局，任何人的道路都不是平坦的，成功的背后都有无数的磨难和坚持。所以，当你遭遇人生的逆境，一定要认同这是一份难得的历练，是一个人成长路上不可避免的过程。

当你走上坡路的时候，一定要低头，这样走得稳健；当你走下坡路的时候，一定要昂头，这样才不至于摔跤。无论上坡路还是下坡路，都是我们必须经历的道路，不论处于哪个阶段，我们需要的是一分平静，一分安然。

世界从不匆忙，有一颗淡定的心，你的生活便是云淡风轻，自在从容。

春有百花秋有月

生命是一种回声，我们没有任何理由要求别人必须对我们好，我们要做的，是看自己为别人做了什么。事实上，如果我们把最好的给予了别人，我们一定也会从别人那里得到最好的回报；我们帮助别人的越多，我们得到的也会越多。你越是吝啬，你越是一无所有。

在积极的人眼里，世界是阳光一片，到处都充满了美好与善良；而在消极的人眼里，世界是一片黑暗，人间到处都是仇恨与悲凉。如果你每天与积极的人在一起，你的人生必定也是朝气蓬勃的；而你每天与一个怨声载道的人为伍，你的人生词典除了忧愁就是悲观。

人生需要的是豁达，是一往无前的锐气，是朝气蓬勃的努力，而不是怨天尤人的抱怨。

"春有百花秋有月，夏有凉风冬有雪。"世界每时每刻都以它博大的胸怀无私地给予着我们。我们唯一要做的，是不要辜负了自然的美好，要用一颗感恩的心祝福这美好的时光。

怎么才能成为一个幸福的人呢？让心灵充满宽容与爱，放下仇恨，微笑着迎接每一天的日出。

每个人都经历过许多事，你为什么要让自己陷入往事中不能自拔？而其他人，早已淡然一笑，以全新的自己迎接每一个崭新的日子。

让善良占据我们的心灵，让遗忘占据我们的心灵，让自信和坚持成为我们的品质和内涵，让给予成为我们人生的主流，用一颗宽广的心去拥抱我们的世界吧。

如果稍稍留意，你就会发现，生活虽然有很多的无奈，但仍有那么多朋友在默默地为你祝福，有那么多人在默默地关心着你，你所谓的风雨沧桑，都是人生的风景啊。

你走过别人没有走过的路，你经历过别人没有经历过的苦难，你付出过别人没有付出过的辛苦，但是，你看到了别人没有看到的风景，你也一定会得到别人得不到的收获。

这就是我们的世界。活出一片宽阔来，眼前，都是醉人的风景。

灯下草虫鸣

我们每个人都可以有自由自在的人生。世界上有两种东西：一种是用眼睛看的，比如花草树木、山川河流、日月星光；另一种是眼睛看不见的，比如思想、智慧，需要用心体会。

人生的幸福，其实大多来自于那些看起来没有什么意义的细节。比如，看见一朵花开，看到一个儿童天真的笑脸，听到一位老人善意的提醒，聆听空中传来风铃的响声，看见湖水在微风中泛起涟漪……

袁枚在《随园诗话》里提到杨诚斋的话："从来天分低拙之人，好谈格调，而不解风趣，何也？格调是空架子，有腔口易描；风趣专写性灵，非天才不办。"能把去年的月光温到今年才下酒，这是需要几分性情和天分的。

有人以为，逃离了故乡，甚至逃离了祖国，就可以获得自由。其实，最大的不自由，是我们心灵的不自由。如果心灵没有达到自由的境界，无论到哪里，都不自由。

一个人可怕的是看不透生活，可悲的是陷在失败的过往中不能自拔。而一个智者，是在认清生活真相之后，依然热爱生活。

一个豁达的人，不会陷入过去的阴影里，而是活在自己自由自在的心境里。

"雨中山果落，灯下草虫鸣。"人生一场，有几人懂你？又有几人知心？二三懂得心，三五知心人，就已经是一生的福分。

发怒，是用别人的错误惩罚自己；烦恼，是用自己的过失折磨自己；后悔，是用无奈的往事摧残自己；忧虑，是用虚拟的风险惊吓自己；孤独，是用自制的牢房禁锢自己；自卑，是用别人的长处诋毁自己。

做事讲究的是"事来心应""事去心止"。"事来"，不论是好事还是坏事，都要从容应对。"事去"，则是只要事情做过了，不论好坏已经定论，再懊悔再悲伤也是徒劳，就应该做到"心止"，才是做事的大境界。

当我们有了这样的心境，我们的人生就是自由自在的了。

气清如兰

　　回故乡闲居，见到了很多故友，有幼时的伙伴，有小学和中学同学，还有早年在县城工作时的同事。从我离开故乡到现在，不过25年的光景，可是这些人似乎是昨天还朝夕相处的故友，如今都老了。

　　当年朝气蓬勃的青年人变成了步履沉稳的中年人，当年安步当车的中年人变成了满头银发的老人。还有很多当年熟悉的人，早已过世了。我感慨万端，无论一个人的事业如何辉煌，你也抵挡不住时光的车轮；无论你怎么留恋，也挽留不住岁月的脚步；无论你怎么不情愿，老年都会如期而至。

　　我总在想，在看起来极速飞驰的时光里，我们可以减慢自己生活的节奏，隐居于自己的内心，引领自己更专注于某一件事，在生活的慢板里享受时光的旋律。

　　我常常想起这几个人的经历：释迦牟尼何以能够放下王子的身份，撇下熟睡中的妻儿，出家成佛？弘一大师（李叔同），何以能够对山门之外悲痛哭泣、孤苦无依的妻儿无动于衷？贝多芬何以能够在双耳失聪之后，在他周围的世界进入完全的寂静之后，创作出了声音世界里最伟大的乐章？米尔顿为什么能够在他周围的世界进入完全的黑暗之后，反而创作出了伟大的诗篇？

　　所谓"一念嗔心起，百万障门开"，如果你把怨恨引入到了自己的心灵，那么百万扇黑暗的大门就已经为你打开，所有的光亮都与你无关，你把自己淹没在了无边的黑暗之中。

我们最应该学会的，是在平常的日子里，安顿自己的身心。无论身在何处，都能找到心灵的路径。

常常有人问我，你每天都在写作，哪有那么多灵感？我说，我从来不记录那些所谓的灵感，正如我不记录那些瞋怨。我的双眼看到的事物，在我的心中进进出出，最后都与人间的美景融为一体，成为我绵延纵横的文字。

在湖岸山坡的凉亭里，我呼吸着雨后清爽的空气。我在想，你有一颗气清如兰的心，薄薄的晨雾，也可以变成蝉羽一般透明的醍醐，让你陶醉。

芭蕉叶上无愁雨

芭蕉叶上无愁雨，自是多情听断肠。心中的爱恨情仇与喜悲，只是我们对世界的不同取舍。

云自无心水自流。浮云之上，还有浮云；蓝天之上，还有蓝天；江河之外，还有江河。云，自有云的闲适与安逸，它飘向哪里，我们不知道，也与我们无关。水自有水的柔美，它流去的方向，我们不知道，也与我们无关。

千江有水千江月，万里无云万里天。江河无心，月光自在，云朵从容。如果我们有了一颗高远的心，世界哪里无芳草？人间哪里有狭隘？

风本无心，却让烛火婆娑摇曳；烛火无心，却让黑暗的夜晚有了美丽梦幻的影子。

很多时候，我们不仅仅要向失败和挫折告别，也要向昨天告别，向世界道别，向成功说再见。那些辉煌的日子已经远去，那些失败的日子也已经远去，你要丢开以往的事，期待明日的朝阳。

只有努力走出生命中黑暗的隧道，才有机会看到尽头处明媚的阳光。旅途的终点亦是新的起点，将自己隐藏在世界的这一岸，谛听大地上宁静的天籁之音，最坏的时刻也许就是最好的转机。

生老病死是人生的常态，没有人青春永驻，也没有人长生不老。你方唱罢我登场，各领风骚数百年，没有人逃得过岁月的利刃，也没有人能躲得过时间的蚕食。

　　青山遮不住，毕竟东流去。春梦秋云，冷暖自知，岁月枯荣。有了这样的一颗心，世界自在浅笑之间，人生自在你的掌心。

生命的永恒

　　人这一辈子，要活得热气腾腾，活得生机勃勃，活得诗意昂然，活得潇潇洒洒。

　　活成这样难吗？其实并不难，只要你不趋炎附势，只要你不委屈自己，只要你遵从自己内心的声音。

　　想起顾城的诗："黑夜给了我黑色的眼睛，我却用它来寻找光明。"在宁静的黑夜里，谁在睁着明亮的眼睛仰望星空？

　　有的人总是特立独行。其实，一个人不能与趋势为敌，必须努力让自己顺应趋势，适应潮流，才会一路顺风。如果你总是叛逆，总是站在趋势的另一面，那么你可能会一事无成，也就不要抱怨自己为什么与社会格格不入了。

　　想改变世界很难，即使想改变我们身边的环境也不容易。但是，改变我们自己的心境和人生态度却不难，即便我们是一片渺小的雪花。

　　一片雪花，它的生命虽然短暂、渺小，但是它却向人间展示了自己最柔美、最洁白的品质，把自己的生命诠释得如此绚烂唯美，用最壮丽的形式，完成了自己作为一个生命的责任。

　　即便是路边一株无名的野花，它也没有因为牡丹的富贵而自卑，也没有因为荷花的高洁而惭愧。它不羡慕花园里养尊处优的花团锦簇，而是默默地尽着自己作为一朵花的责任：努力地绽放，为大地增添一抹绚丽的颜色！

　　人生最美的风景就在眼前，就在你能够把握的这一刻。我们要做的，是紧紧抓住当下的这一刻，让美丽的风景变成生命的永恒。

无欲则刚

不论处于什么样的境遇，我们都不能辜负自己。我们的生命来于父母，我们没有任何权利荒废，更没有任何资格放弃。我们唯一拥有的权利，就是让生命更加优秀，让人生大放异彩。

如果一个人没有了信仰和敬畏，不仅会迷失人生的方向，也会丧失廉耻。

林则徐说："壁立千仞，无欲则刚。"如果我们摒弃了内心的贪婪、嫉妒、自私、狭隘，摒弃了那些虚无缥缈的不切实际，我们就可以成为内心强大的人。

秋风漫漫，落叶萧萧，怎能不让人万端伤怀。山间小径上稀疏的黄叶，那是岁月的痕迹，那是怀旧的味道。熙熙攘攘的街头，一拨一拨的人走过，我们也走过曾属于自己的年华。

山坡的菜地里，各种蔬菜都成熟了，满目青翠。站在山坡上眺望湖面，天高云阔。湖边钓鱼的人悠闲自在，湖面的野鸭子自由地嬉戏。在这人世间的平凡里，预示着多少人生滋味？人生短暂，世事沧桑，那些心头的艰难都不值得我们挂碍。没有人知道何时刮风，也没有人知道何时下雨，我们唯一可以做主的，是我们自己的心情。

生活的快乐与烦恼，在于我们体味生活的深度。如果你认为自己一定是杰出的，那么你承受生活更多的磨砺也就不足为怪。

人生的旅程风风雨雨，但最根本的就是坚强与懦弱的抉择。如果你选择了坚强，你就不要惧怕风雨；如果你选择了懦弱，你也就不要羡慕成功者的光芒。

　　人生最重要的，不是你今天已经拥有了什么成就，而是决定于你的未来是否具有一种向上追求的趋势。只有你处于一种向上的良性趋势下，你的未来才不可限量；如果你认为自己人生的高度已经定论，那么你的人生也许真的会黯淡无光。

　　人生是一条一往无前、不可逆转的河流，无论我们经历多少顺境和逆境，它始终匆匆向前。所以，不管怎样炎凉冷暖，风云莫测，我们都要永远点燃着不灭的希望之火，去未来，去远方，去看人间最美的风景。

最美的风景在路上

　　一个有梦想的人，永远不会错过任何一个成功的机会。即使失败了一百次，依然有一百零一次的努力。在这样的奋斗者面前，生命闪耀着熠熠光辉。

　　李广从汉文帝开始，一直到汉景帝、汉武帝，整整陪了三朝皇帝，与匈奴打了大大小小七十场战争，但最终也没被封侯。初唐诗人王勃在《滕王阁序》谈及人生"时运不齐，命途多舛"时，开首一句便是："冯唐易老，李广难封。"但是，两千年之后的今天，李广封侯不封侯，已经没有意义，因为李广人生的光辉不亚于任何一个封侯的人。

　　人类都有难以根除的通病，如自私、狭隘、贪婪、嫉妒、小气、自卑、猜疑等。一个伟大的人，就是在自己的身上逐步铲除了这些痼疾，最终成为一个豁达、无私的人。

　　延安时期，毛泽东接受美国记者斯诺采访，回忆自己年轻时的激情与豪迈，说自己最喜欢一句古诗"自信人生二百年，会当击水三千里"，这后半句典出《庄子》，意在告诫自己将来必能大展鲲鹏之志。斯诺把这段采访写进了自己的著作《西行漫记》中。可以想象，毛泽东一生波澜壮阔，在青年时期他就已经立下雄心壮志。

　　每个人的心中都有一株莲花，不同的是，有的人尽情绽放，向世间播撒美丽与清香；而有的人却关紧心扉，让花朵枯萎在了自己的心里。

　　最美的风景，在努力的路上。

晴空一鹤排云上

冬天来了,湖水寂静,满地落叶。流逝的岁月,在逐渐沧桑着我们的容颜。人生在激情跌宕之后,渐渐归于简单与平静。岁月枯荣,所有经历过的喜怒哀乐都消失在了时光里,唯有这眼前的烟火人间,让我们从容,让我们安然。

"晴空一鹤排云上,便引诗情到碧霄。"立冬的清晨,吟唱这样的诗句,可以为自己壮行!

人世苍茫,不问沉浮。世界广大,自在我心。问春问秋问苍穹,多少人迷茫不知归路?

关于如何建立自信有多个版本:俗话说,是金子总会发光的;圣贤说,天将降大任于斯人也,必先苦其心志;百姓说,一块地,不适合种小麦,也许适合种大麦,若都不适合,也许可以种荞麦,总有一种庄稼会适合的。

古希腊人把"认识你自己"作为铭文刻在阿波罗神庙的门柱上。可是直到今天,很多人依然对自己一无所知。是什么原因让你命运多舛、一事无成?你以为是生活伤害了你?其实,是你自己抛弃了生活才导致的结果。

人不能总是给自己已经老了的心理暗示,应该让自己始终保持年轻的心态,保持那种激情昂扬一往无前的年轻气质。年轻就是财富与力量,年轻就是拥有美好的未来,年轻就是拥有梦想。

生活，只有在内心空虚的人眼里才平淡无味。繁华终会归于平静，但那是大浪淘沙之后的安静。不是所有的事情都能如愿以偿，穿过人世的荣辱成败与恩怨情仇，让自己在生命的旅途中默默前行吧。

没有学会沉思的人，必将一事无成。苍茫的星空下，你的人生如此宽阔。只要我们对生活依旧抱有坚定的信念和渴望，在生活的最远处，就有似锦繁花等待着你去欣赏。

人生是一场接着一场的欢聚与离散，是一段接着一段的繁华与冷落，是一个接着一个的平坦与坎坷。也许你总是与幸运相伴，也许你总是与不幸为邻，但你一定要坚信，生活在一刻不停地踏步向前，行色匆匆，一切都会遗忘在时光里。

认识你自己，对岸就在眼前。

我们有责任让自己的生命精彩

生活，就是母亲生下来我们，让我们好好地活下去。所以，我们有责任让自己的生命精彩。

有人总是一副苦大仇深的样子，似乎整个世界都欠他的。这样的人不仅让自己陷于无边的仇恨与烦恼中，也会传染给与他交往的人，朋友见到他都会选择逃离。你哭泣，生活就会哭泣。相反，你微笑，世界就冲你微笑。谁不愿意看见如花的笑脸？谁不愿意活在明媚的阳光下？你的乐观，你的笑容，必定让你拥有更多的朋友，更多的机会，更多的精彩。

世界上最公平的莫过于时间与生命，它们不会因为你富可敌国就加倍地眷顾你，也不会因为你一贫如洗就啬吝无情地抛弃你。因此，我们来到人世间，面对时间和生命，我们只有感谢上天的恩赐，倍加珍惜它们，而不能有任何的懈怠与荒废。

一个杰出的人，最大的优点是他的自知和自省精神。可是，那些一事无成的人最大的缺点是认为自己比别人高明，最终却一事无成。

我去寺院，最想听的是那苍凉浑厚的钟声。一声声悠远的钟声，有着不可思议的力量，似乎是来自遥远的天外，像一道道光芒，能够穿透黑暗，回荡着自由、光明与希望，让众生的心灵获得解脱。

向前跨出一步，并没有那么困难，难的是你是否有突破自我的胆量。人生，就是在不断的突破中逐渐成熟。

人生要不卑不亢，太在意别人的眼光和评价，你不仅会失去自我，而且终将一事无成。坚持自己所坚持的，相信自己所相信的，你终将成为一道独特的风景。

　　其实人生本没有什么光明大道，我们的道路只是因为不断努力才变得光明。

　　我常常碰见吹着口哨走路的人，这样的人一定是放下了生活中所有的包袱。我也常常碰见一脸悲苦、愁容满面的人，这样的人一定是把生活的包袱全部背在身上。

　　人生不是来较量的，人生更不是征服，人生是我们意气风发地走在看风景的路上。茫茫人海，相遇是一种缘分，相识是一种福分，而相知则是上苍的眷顾。

　　当走过了半生，我们会发现，生命中所有遇到的挫折、失败、弯路、陷害，都是来帮助我们成长的。我们拒绝不了黑夜，躲避不了陷害，但是却可以拒绝眼泪。

　　当你向世界敞开自己的心扉，那一切的记忆、悲苦、伤痛，都在潇潇风雨中走远。一杯茶，品得出人生滋味，也品得出世态炎凉。再光明的前程，也要转身看看；再泥泞的路途，也有到头的时候。

　　如果有了不惧生死的超然情怀，有了穿越名利的淡然心境，心灵自然就没有了浮躁与困惑，就能抵达安静祥和的境界。

　　人不能仅仅为一己之私而活着，我们必须对国家和社会有责任与担当。时任美国总统的卡特曾经说："当你要完成的任务与上千万人的性命相连时，你就没有失败的机会。成功源于责任，一个人肩负的责任有多大，战胜困难的决心就会有多大。"

　　世界不会永远春暖花开，正因为有夏天的炎热、秋天的苍凉和冬天的风雪，世界才多姿多彩。人生不会只有一路的繁华，也会有崎岖，有平坦，有高峰，有低谷，唯有如此才会更加精彩。

流云过千山

流云过千山，人生就是走好脚下实实在在的路，重要的是给自己一个昂扬前行的理由。

在这个世界上，养活自己并不是什么难事，但若让自己生活得简朴，生活得明智而诗意，却并不容易。

人生的悲剧并不是事业的未竟或以平庸结束，而是人生信念的丧失。所以，坚持不仅仅是一种勇气，更是一种信仰。其实，当你走近成功者的身边，就会发现，他们每个人的身上，除了一往无前的坚持，无不散发着信念的熠熠光辉。

我们总拿自己与别人比较：与杰出的人比，让自己惭愧；与失败的人比，容易让自己骄傲。如果我们以欣赏的眼光来看待他人呢？你会发现每个人都有值得骄傲的优点，每个人都有自己的长处。

世界上最珍贵的东西都是免费的，希望、信念、友谊、坚持，还有蓝天、空气、阳光，只要你想得到，就能得到。只是很多人对这免费的珍贵视而不见，却去苦苦追求昂贵却并不需要的奢侈。

冬天来了，寒风也如约而至，树叶飘零，花儿也败尽，接着就是一场接一场的雪了。大地就没有希望了吗？不，漫天的雪花，把大地装扮得何等妖娆。在凛冽的寒风里挺拔的松柏，在寒冬腊月里怒放的梅花，没有严寒，我们哪里能欣赏到这样奇美的风景？

简朴的生活

现今，简朴的生活距离我们越来越远了，奢侈正在成为社会的潮流和时尚。因此，我们看到的都是为了享受奢侈的生活而正在失去自由、快乐和幸福的人们。其实，一切奢侈都不过给自己带来了更多的不便。很显然，一个人的生活每增加一分奢侈，就是给自己套上了一个枷锁，让自己失去了一分自由。

每次遇到那些成功的人，我就在想，这些人都是我的阶梯，我将拾级而上，我必须越过他们，而不是仅仅做他们的听众，或者做他们的邻居。我必将在他们所在的世界里安居。

失之交臂是人生常态：与一个敬仰的人失之交臂，错过一件美好的事情，眼看着一个大好的机遇匆匆流失。当有了一定的人生阅历之后，我们就会明白，这是人生常态，不仅有得到的欢欣和喜悦，也有失败的颓废和忧伤。人生有差之毫厘的遗憾，也有绝处逢生的惊喜。

经历过了，我们就会明白什么叫失望，什么叫绝望。这个时候，我们应该做的，是重建自己的信念，编织新的想象，并在新的想象之上再构建新的希望。一个人什么都可以放弃，就是不能够放弃梦想。夜晚的气味，土地的气味，风的气味，阳光的气味，还有花朵的芬芳，你捕捉到了吗？它们让你感动，它们让你热泪盈眶，它们让你的心灵充满希望。

我们都会有一些痛苦的经历或失败的颓丧。不同的是，有些人常常反省自己，并在不断的反省中收获经验，使自己在后来的人生中成功地避开了失败。有些人就不同了，总是在相同的地方摔跤。

　　生命的最大悲剧是不可重复。因此，我们不要对已经过去的事情再耿耿于怀。无论成功还是失败，过去的就永不再来。当我们在自己的窗口迎接清晨的第一缕阳光的时候，我们应该相信，这个世界上其他所有人都与自己一样，我们看到的阳光不比他人少一分一毫。

　　去剧院里欣赏音乐会在我看来不过是去凑热闹。在那里，你欣赏不到真正的音乐，真正的音乐只适合独自聆听。

　　当我们让自己安静下来，当我们享受一分宁静的时候，我们就走进了自己思想的灵田。

大济苍生

每天早上，我们睁开双眼，新的一天又开始了，我们又可以拥抱蓝天白云，又可以聆听百鸟争鸣，又可以沐浴明媚阳光，又可以欣赏壮丽山河了。

怀抱"大济苍生"之志而入世的陶渊明，在屡遭碰壁之后归隐田园。他一定没有想到，一篇记述自己闲适情怀的《归去来兮辞》，一句"采菊东篱下，悠然见南山"，不仅让他成为中国山水田园诗的鼻祖，也成为千年以来中国文化人的梦想与皈依。

人们常说，"一程风雨一叶秋"，河流卷走了我们的时光，岁月苍老了我们的容颜。其实，时光一直都在，只是我们的心有起伏。回首走过的年华，留下淡然的一笑，一切的得失与烦恼，尽在尘埃。

我们一路走来，只有放下往事，才能以一颗欣喜的心欣赏下一段风景。人生是一次不可逆的旅行，任何一点懈怠，都会给生命留下缺憾。所以，我们要把自己的人生当作一场修行，无论春风得意还是坎坷多难，都要以一颗博大的心与岁月一起变老。

海子有一句诗："天空一无所有，为何给我安慰?"说得太悲观了。登高望远，澄澈的苍穹下，山川锦绣，大地辽阔。我们如果能用一颗纯净的心看世界，尽是人间美景，处处都是希望。

如果我们能抛弃心中的贪欲、自私、狭隘和傲慢，不染尘埃，心怀广大，自在人世间闲庭信步!

一树繁花

　　我发现一些朋友喜欢虚无的玄机，喜欢通过探讨类似《周易》的秘密，试图给自己找到一些人生答案，解开自己的迷惘。诚然，思索生命的意义没有错，但是，不要去追问生命的背后是否有什么可以开启成功之门的巨大玄机。人生其实非常简单，只要你放下投机取巧的心理，怀抱一颗善良的心灵，每天的生活都脚踏实地，你就会拥有整个春秋冬夏，自然就收获了全部的人生。这也就是人生所谓的玄机了。

　　"人问寒山道，寒山路不通。"在尘世的江湖里，我们能否放下人生的烦恼，追逐人生的自在，以一颗平静的心等待机会的光临？

　　人生有时是晓风残月，明丽而诗意；有时是一树繁花，富贵而妖娆；有时也是一川烟雨，朦朦胧胧；有时又是风雨如晦，前途迷茫。但正是因为有各种不同的境遇，我们的生命也会跌宕起伏，饱满而鲜活。

　　如果我们能不断说服自己，我们就能成为一个理智的人；如果我们能不断征服自己，就能使心智不断成熟，还能抬高自己生活的台阶，最终走进杰出者的殿堂。当面临厄运、身陷逆境时，仅仅能够忍住泪水，并不是真正的坚强；真正的坚强，是擦干泪水，昂首前行，继续向梦想出发。

　　人生虽然仅仅是一场偶然的路过，但是，我们可以让这场路过变成善良的相遇、美丽的邂逅、奇异的风景，给世界留下自己深深的痕迹。

世界永远是公平的，就如阳光普照大地，你每天得到的阳光，与任何人相比都不差分毫，你与其他人一样每天在同一个时刻迎接黎明。世界不会给任何人提供特权和捷径，如果你暂时得到了一些所谓的特权，走了所谓的捷径，那么用不了多久，生活就会加倍地讨回，而你必定付出更加惨痛的代价。

当你悔恨自己一事无成的时候，你应该看看自己的生命中是否缺少一个重要的词汇——勇敢。因为，只有生命中充满勇气的人，人生才会充满活力，才会抓住机会，才会从逆境中奋起。

对于一个强者来说，他的人生词典里没有失败，没有挫折，没有什么过不去的难关，有的只是一个接着一个的挑战，一次接着一次的尝试。当你成为生活的强者，你就会看到人生的一树繁花。

无畏的力量

妒忌是弱者的代名词。

妒忌之心，是人类共同的弱点。因此，克服了妒忌之心的人，就已经完成了自我心灵的超越与救赎，走向了宽广的世界。

心怀妒忌的人，总是会被自己仇恨的怒火所伤，因为折磨他的不仅是他人的成功，还有自己的失败和挫折。一个心怀妒忌的人，不仅丧失了欣赏他人成功的心胸和能力，也丧失了对自我尊贵的认可与肯定。

念由心生。如果我们的胸怀仅仅如茶杯一样狭隘，一两盐放进去也咸得不能饮用；如果我们的心胸如大海一样辽阔，纵然是成堆的盐放进去，水也不会更咸。

当我们克服了妒忌之心的时候，所有他人的成功，都会成为我们眼前的风景，而我们自己，也必将因此产生一种无畏的力量。

一个人行走在漆黑的夜晚，谁都会有孤独恐惧的胆怯。你也许没有意识到，那一刻并不是你独自行走，天空的星月、旷野的山峦树木、大地上奔流的小溪，都在无声地陪伴着你。

当在生活中遭遇逆境，让你感觉孤独无助的时候，故乡老屋里父母的形象浮现在你的眼前。父母目光里那殷殷的期待，必定化为你战胜逆境的力量。那一刻，不会感觉孤独，而且会惊喜地发现，不论走到哪里，父母温暖的目光时刻都陪伴着你，时刻都传递着无畏的勇气。

　　我们从来都不孤独。在风雨中借给我们雨伞的那个人，在我们艰难爬坡时助我们一臂之力的人，在困顿迷茫时开导我们的人，都是我们人生里温暖的陪伴。

　　即使是我们的对手，他们也是我们人生一路走来的陪伴。从某种意义上说，他们甚至给了我们更大的力量。因为，正是他们，让我们不敢有丝毫的懈怠，让我们时刻保持着前进的动力。

　　一个人克服了妒忌之心，学会释然，心胸开阔，并且善待陪伴在身边的每个人，那么他的内心将产生一种无畏的力量。

学会放弃

取舍是一种智慧，而放弃则是人生的勇气。

放弃一段生活中不该发生的感情纠葛，你会神清气爽；放弃力不能及的欲望，你会如释重负；放弃生命中那些不切实际的幻想，你会变得扎实；放弃那些自寻烦恼的忧虑，你会变得心怀坦荡；放弃人生中的自私和虚伪，你会变得高尚。还有很多东西，我们都可以选择放弃：那些伤害过我们的仇恨，那些让我们耿耿于怀的过失，那些本来应该属于自己却没有兑现的利益。

那些曾经的期许，曾经的留恋，曾经的遗憾，甚至曾经的记忆，都可以如过眼云烟。

生活中有很多经历，过去的就过去了，不要再让它残留在自己的记忆里。不需要告别，也不需要铭记，我们只需要昂起头颅，朝前看。

我突然间想起词人李清照的"才下眉头，又上心头"，她要忠告世人的是，不要纠结于那些人生中的恩恩怨怨，如果你纠结其中，便永远没有了却的时候，这个去了，那个又来了，永无休止。这是人生的劝告，更是人生的智慧。

放弃了之后，我们会变得淡泊和坦然。所有的恩怨，都化为了天边的那一抹淡淡的云烟。而我们手中紧握的，是我们所有的美好，我们珍贵的友谊，还有幸福的生活。

这时，即便是那些曾经的伤害，曾经的仇恨、过失，所有的往事，我们都可以像遇见一段奇美的风景一样去欣赏。

爱因斯坦说：我多么希望世界上有一个小岛，上面居住的，全是智慧又善良的人们。这个梦想小岛，世界上也许永远不会有，但是，我们努力向往着。

放弃，是人生的勇气；坦然，是人生的境界。放弃的是包袱，拥有的是一份坦然，是对未来更美好的祈盼。

一念向善

  王阳明先生一生坎坷多难，最后在发配之地潜心思考，参悟天地玄机，最终"龙场悟道"：天地虽大，但一念向善，心存良知，虽凡夫俗子，皆可为圣贤。

  世界对每个人都是公正的，在每一个光芒万丈的身影背后，都必定有长期奋斗的经历。奋斗就是每一天都很难，可一年比一年容易。不奋斗就是每一天都很容易，可一年比一年难。假如你的人生没有经历过艰苦奋斗，你的生活变得越来越难，也就不足为怪了。

  所谓英雄本色，是指一个男人在遭受了巨大的人生重创之后，如何抛弃失意与落魄，远离颓废与堕落，重新昂起头颅，树立自信，踏步向前。

  "青山遮不住，毕竟东流去。"大江东流，浩浩荡荡，势不可挡，人生必须具有这种胸怀，这种气度，无所羁绊，勇往直前！

  世界时刻在变化中，人生无常，因此我们要紧紧把握住当下的每一刻。时光匆匆掠过，今天再好的机会，一旦没有把握住，到了明天，你纵然有再大的决心，成功也已经与你无关。

  并不是每一个黎明都有绚丽的日出，每一个夜晚都有灿烂的星光，并不是你身边每个人都会给你送上诚恳的祝福；并不是每件事情都能如人所愿，这就是我们的世界。明白了这些之后，我们就可以用一颗淡定平静的心，去看我们身边的世界。

"止谤莫如自修。"当你的自我修养到了一定境界之后，任何毁谤、中伤或忌恨都不能影响你的心情。

"流光容易把人抛，红了樱桃，绿了芭蕉。"季节就这样一刻不停，时光就这样一去不返，我们怎么能不紧紧抓住当下？

人生最重要的是了解自己，然后设计一条适合自己的路。有人写了一辈子诗，也没有成为诗人；有人写了一辈子文章，也没有成为作家；有人做了一辈子生意，最后依然两手空空；有人在仕途上追求了一辈子，最后还是默默无闻。这些人并不是不努力，只是选择了一条自己并不擅长的路，离成功越来越远。

人生必须有高贵的事业让你投身，必须有歌有诗有彩虹，还必须在内心深处珍藏着坚定的信念。

在我们人生的路上，那些先知先觉的导师，那些成功的精英，给我们指明了人生的方向。但是，人生的很多机会，也是那些目光短浅、懈怠、自暴自弃的人给予的。所以，当你的身边有这样的人时，你不要生气，而是应该感谢他们告诉了你哪条是死路，抓紧避开他们的位置，独辟蹊径。

"宰相肚里能撑船，将军额头跑得马。"我们必须具备足够宽阔的胸襟，感谢那些绊倒你的人，让宽容的心绽放出芬芳的花朵。

春梦秋云，夏荷冬雪，花开花落。一叶菩提，冷暖自知。一切悲苦，一切欢笑，尽在浅笑中飘然入尘。

缺月挂疏桐

  每一件事情都有不同的视角。

  "缺月挂疏桐，漏断人初静。谁见幽人独往来，缥缈孤鸿影。惊起却回头，有恨无人省。拣尽寒枝不肯栖，寂寞沙洲冷。"

  苏轼的这首《卜算子》，是他被贬黄州后的作品。一个落魄的诗人，借月夜孤鸿这一形象托物抒怀，表达了自己孤高自许、孤独无助的心境，内心深处的那份幽独与寂寞显露无遗。

  但是，如果撇开苏轼，单纯读这首词，我们完全可以有另外的解读。一个诗人行走在万籁俱寂的星空下，看着稀疏的桐树叶上方，一弯新月悬挂在寂静的星河，宛如一幅禅意隽雅的画，充满着诗情画意，这是何等诗意的夜晚啊。

  选择一个不同的角度，人生的际遇就全然不同了。

  检验你的心智、胸襟和修养，就看你在面对他人，尤其是熟悉的人，取得了杰出的成就或者遭遇了灭顶之灾时的心态。看到人家的成功，你是由衷地祝福并分享他的幸福，还是妒火中烧暗自诅咒呢？面对他人的厄运，你是落井下石、幸灾乐祸，还是雪中送炭、拔刀相助呢？

  如果你刻意地让自己去适应他人的眼光，幻想着换来所有人的赞赏，那么你就错了。当你人到中年，会发现，人生的路上，你不仅一无所获，而且变成了一个目光短浅、一无所长、毫无见地的人。

相反，一个杰出的人，必定是目光如炬，锐气凛凛，无所畏惧。

所谓成长，就是我们面对各种不同声音时的心境。任何一只鲲鹏的展翅高飞，都必定伴随着乌鸦与麻雀的聒噪。成功时，你不要期盼着得到所有人的赞赏与祝福；挫折时，更不要期待着所有人都能施以援手。如果你志在高远，你唯一要做的，就是遵循着你自己选择的路，一往无前。

岁月的每一处皱褶里自有深意

　　每当想到在茫茫宇宙中，人间有那么多如诗如画的山水可以登临，有那么多开满鲜花的景色可以欣赏，有那么多智慧的书卷可以阅读，有那么多神秘的宝藏可以探究，我就无法停下自己胸中澎湃的情思。这些，哪一种不值得我热烈而忘我地投身？

岁月的每一处皱褶里自有深意

岁月流转，季节轮回，失望随处可见，我们总是难免茫然，也不知何处是生命的彼岸。但是，我们却不孤单，因为人生的路上，总有温暖相伴。

只要你不把自己的心灵孤立起来，你就不是一个人在旅行。但正如沿途的风景你要独自欣赏，人生中所有的风霜你要独自品尝，所有的苦难你也要独自去扛。

在人生的这场戏里，如果自己总是做主角，不仅太累，也不会总有精彩的高潮出现。故事，总是会有高潮和低潮。不妨试一试来做观众，你会发现，世界还是很轻松、惬意的嘛。

常常有读者问我："老师，我看到你常常在大庭广众下演讲，去各地旅行采风，有那么多人崇拜、追随你，你的人生是那么精彩纷呈！可是，我的人生为什么总是那么平淡？我怎么才能有精彩的人生？"

我告诉亲爱的读者，你看到的只是我生活的一小部分，你一定不知道，我的大多数时间，是一个人孤独地、默默地耕耘，无论酷暑严寒，也无论春秋冬夏。只不过，我在那一个个平淡的日子里，依然生活得快乐而诗意，从来没有把平凡的日子当作枯燥无味的烦恼。因为我相信，幸福不会遗漏任何一个人，只要自己不放弃，精彩的日子一定会到来。

但是，这种坚持，一定是你独特的、属于你自己的追求，那是你的梦想，而不是你屈从于他人的眼光，将自己融于流俗的模式。如果你以别人的满意和赞许为目标，最终你一定会失去自我，消失在凡俗尘世的河流里。

其实，人生的每一个转折处，岁月的每一处皱褶里，都自有深意，关键是我们是否能在那样的时刻保持一颗警醒的心。如果我们能让自己时刻保持清醒的头脑，坚持自己的初衷，坚守自己的梦想，眼前所有的诱惑就会变成稍纵即逝的云烟。

在岁月的沧桑里，遥望着西天边的落日，庄严肃穆的余晖，凝聚成一世繁华。

我心自有清风明月

人生的幸福，并不是来自财富，而是来自于自我心扉的豁然洞开。每一个庭院里都有清风明月，可悲的不是生活的困顿，而是于困境中失去人性的情怀与人格的尊严。

在我们的身边，有两种人，一种是悲观主义者，一种是乐观主义者。后者似乎从来没有忧愁，再坏的情形也不会皱一下眉头。这样的人，每一天都温暖如火，只要有他存在，就似乎没有什么过不去的坎。他们对未来总是充满希望，总是那么风趣和乐观。一个悲观的人，总是把灰暗的一面展示给他人；乐观的人则不同，总是展示给他人阳光、温暖与欢笑，带给人一往无前的希望，带给人积极向上的正能量。

既然世界上存在这样的两种人，我们就远离悲观主义者，与乐观主义者为友。因为，悲观主义者只会传染给你悲观的负能量；而乐观主义者传递给你的，都是积极进取的力量。

一个有追求、充满自信的人，不会相信什么奇迹与捷径，他们会依靠自己不懈的努力获得成功。清代文学家袁枚在他的《牍外余言》中说："以著作争胜负，故不喜赌钱；以吟咏当笙簧，故不爱听曲；居易以俟命，故不信风水阴阳；听其所止而休焉，故不屑求仙礼佛。"意思是，作家的名气靠的是作品的成就，所以作家不会去做赌钱这种不可靠的勾当；如果有自己的诗作可以吟咏，就不需要听别人的演奏；君子安身立命不贪图身外之物，当然不用指望风水先生指点迷津；一个人如果乐天知命，自然无须去寺院里求菩萨施舍恩惠了。

明代来斯行官至福建右布政使，他曾经写过一部书《槎庵燕语》，其中有句话对今天的青少年依然有启迪意义："天下无不可化之人，但恐诚心未至。天下无不可为之事，只怕立志未坚。"放到今天来说，就是天下没有不能教化的人，如果有，那是因为你的诚心不够；天下也没有做不到的事情，如果有，那是因为你个人的意志不够坚定。

事实上，看看我们身边那些一事无成的人，他们之所以没有成功，正是因为他们自己毫无诚心，总是浅尝辄止、意志薄弱。

季节的沉思

写出了《瓦尔登湖》的美国作家梭罗曾居住在湖边。他清晨呼吸清新空气的时候，设想能把这清新的空气用瓶子装起来，卖给城市里那些迟起的人。我想，不只是那清新的空气，还有湛蓝的天空、洁白的云朵、透明的溪水、散淡的自由和愉悦的心情，都可以装起来，卖给缺少的人。

在希腊，几乎每个城市里都有古代剧场的废墟，它们以当年在这里演出"希腊悲剧"而闻名于世。每一次走进这些废墟，我都在沉思，不仅是希腊人，全世界的人们都喜欢看悲剧。为什么人类喜欢悲剧？

悲剧其实并不是发生在我们生活中的悲惨故事，那些悲剧大多是人类共同的命运。剧中有一些英雄人物，他们不接受命运的安排，面对巨大的困难不断抗争。虽然最后抗争失败，但是剧情却向人们传达了一种崇高悲壮的情怀，给人们这样的启示：自己人生中的困难与他们相比显得微不足道，他们尚能不屈服于命运，自己为什么不能？这种启示，减少了人生中的恐惧与悲哀，安慰了心灵，更排解了心中的郁闷。

悲剧是人生中艰难但又崇高的美。亚里士多德说："悲剧引起人的恐惧与哀怜，净化人的情欲而获得精神上的提高。"弘一大师临近圆寂时也曾经手书："悲欣交集。"这正是先知们对生命真谛的领悟。

我乡间的梅园建好四年了，花园里自然生长出很多的树木花草，而且，有的树木长势喜人，几年时间就超过了房顶。每一次看着这些树木花草，我都不忍心修剪，有的树木长在屋檐下、墙角边，而且很多是珍贵的榆树，也不舍得拔除。它们挺拔葳蕤，装点着庭院，给庭院带来勃勃生机。

　　可是问题来了，如果不进行修剪和拔除，院子就真的荒芜了。我还是决定忍痛修剪它们，拔除一些，剪枝一些，庭院里顿然眼前一亮，看起来整齐多了。

　　生命中我们总有很多不舍。可是，再珍贵，该舍弃的还是要毫不犹豫地舍弃。因为舍弃之后，就腾出了更大、更合理的发展空间，可以填充更多美好。

　　我在湖边住了整整一年，每天在湖畔的小路上散步，恰恰是走过了春夏秋冬四季轮回。见证了春暖花开的春天，拥抱过热烈繁华的夏天，目睹了落叶萧萧的秋天，也触摸过冰雪覆盖的严寒。自然与造化，就这样无声无息地走过，没有惊喜，也没有悲伤，失去的一定还会再来。

　　即使是净土的莲花，依然也会飘落。那些伤春的诗人，那些悲秋的文学家，那些忧郁的歌者，何须去心灵中寻找解脱呢？

苏格拉底的智慧

苏格拉底丑陋的长相，与他的智慧一样享有盛名。这让我们想起一句话：上帝赋予了他无与伦比的智慧，就要从他的长相中索取。有趣的是，苏格拉底从来不介意自己的丑陋，而人们也从没有因为他的丑陋而否认他的智慧。

有一天，柏拉图问苏格拉底：什么是爱情？

苏格拉底带领他的学生到了一片麦田附近，说：你穿越这片稻田，去摘一株最大最黄的麦穗回来吧，但是要不能走回头路，而且你只能摘一次。柏拉图去了，许久之后，他却空着双手回来了。

苏格拉底问他：怎么空手回来了？

柏拉图说道：当我走在田间的时候，曾看到过几株特别大特别灿烂的麦穗，可是，我总想着前面也许会有更大更好的，就没有摘；但是，我继续走的时候，看到的麦穗，总觉得还不如先前的好，所以我最后什么都没有摘到。

苏格拉底意味深长地说：这，就是爱情。

柏拉图又问苏格拉底：什么是婚姻？

苏格拉底又带领他的学生带了一片树林附近说："请你穿越这片树林，去砍一棵最粗最结实的树回来，但是要求你不能走回头路，而且你只能砍一次。"

柏拉图去做了。许久之后，他带了一棵并不算最高大粗壮却也不算赖的树回来了。

苏格拉底问他："怎么只砍了这样一棵树回来？"

柏拉图说道："当我穿越树林的时候，看到过几棵非常好的树，这次，我吸取了上次摘麦穗的教训，看到这棵树还不错，就选了它。我怕我不选它，又会错过机会，导致空手而归，尽管它并不是我碰见的最棒的一棵。"

这时，苏格拉底意味深长地说："这，就是婚姻。"

还有一次，柏拉图问苏格拉底："什么是幸福？"

苏格拉底说："我请你穿越这片田野，去摘一朵最美丽的花，但是你不能走回头路，而且只能摘一次。"

柏拉图去做了。许久之后，他捧着一朵还算美丽的花回来了。

苏格拉底问他："这就是最美丽的花了？"

柏拉图答道："当我穿越田野的时候，我看到了这朵美丽的花，便摘下了它，并认定它就是最美丽的。而且，当我后来又看见很多很美丽的花时，我依然坚持着我这朵最美的信念。所以，我把最美丽的花摘来了。"

这时，苏格拉底意味深长地说："这，就是幸福。"

又有一天，柏拉图问老师苏格拉底："什么是外遇？"

苏格拉底还是叫他到树林走一次，但这次可以来回走，在途中取一支最好看的花带回来。

柏拉图又充满信心地出去了。不久，他精神抖擞地带回了一支颜色艳丽但稍稍蔫掉的花。

苏格拉底问他："这就是最好的花吗？"

柏拉图回答："我找了两个小时，发觉这是盛开得最美丽的花，但当我采下把它带回来的路上，它就渐渐枯萎了。"

这时，苏格拉底告诉他，这就是外遇。

又有一天，柏拉图又问老师苏格拉底："什么是生活？"

苏格拉底还是叫他到树林走一次，可以来回走，在途中要取一支最好看的花。

柏拉图有了以前的教训与经验，充满信心地出去了。

过了三天三夜，他也没有回来。

苏格拉底只好走进树林里去找他，最后发现柏拉图已在树林安营扎寨。

苏格拉底问他："你找到最好看的花了吗？"

柏拉图指着边上的一朵花说："这就是最好看的花。"

苏格拉底问："为什么不把它带出去呢？"

柏拉图回答老师："我如果把它摘下来，它马上就枯萎。即使我不摘，它也迟早会枯萎。所以我就在它还盛开的时候，住在它旁边。等它凋谢的时候，再找下一朵。这已经是我找到的第二朵最好看的花。"

这时，苏格拉底告诉柏拉图："你已经懂得生活的真谛了。"

苏格拉底是在以这样的隐喻告诉世人，完美是不存在的。所以，期待完美的人，都是在等待的失望中度过的。欲望是无止境的，如果要脱离欲望的苦海，唯一的方法，是做一个有自制力的人。强大的自制力，会让你沐浴在理性的光芒之下，抵达崇高的彼岸。

命运

最近在一次笔会上，有一个青年人向我抱怨说，命运对他总是不公，困难一个接着一个，他几乎要被苦难的命运压垮了。

我告诉他，实际上人生中没有这些困难，就不是真实的人生，而是美丽的童话。困境谁都不少，只是别人的困境你不知道罢了。

重要的是，我们面对困境时的态度如何。如果你把苦难当作历练，看作是必需的经历，当作是生活的考验，而且遭遇的困难越多，越显示你的能力与担当。

人的潜能，就如我们身边的空气，看不见它，也没有办法估量它的大小。如果一个人充满自信、勇于担当，潜能就会爆发出超乎寻常的力量。

当拿破仑的一位将军辩解为何没有攻陷目标时有各种理由，拿破仑说："有一个最重要的理由，你没有说，就是你根本不相信你的军队能够攻陷它！"

在拿破仑的人生词典中只有"一往无前"，没有"不可能"和"犹豫"，更没有"胆怯"与"畏缩"。

无论金钱、财富还是权力，如果你在欲望面前失去了自己，一定会陷入万劫不复的深渊。因此，当一个人到达人生的一个更高层面时，最紧要的不是继续，而是先要完成人性的自我救赎。孔子到了50岁的时候，突然明白了这个道理，得悟"五十而知天命"。

我们的身边，常常会出现两种人：一种是积极上进、阳光明媚、不断追求、心有壮怀的人；一种是意志消沉、愤世嫉俗、与社会对立的人。如果你与第一种人为友，你将获得无穷的力量，助你不断走向成功，因为他的周身都散发着正能量。如果你与第二种人为友，只会消耗你的锐气，减弱你的成功，因为他的周身都是负能量。

一个有志青年，为了自己的前途，无论如何都要抵挡住不良诱惑，在任何诱惑面前要坚定信心、不为所动。因为，一个人的品格，大都是经过他的习惯渐渐养成的，开始的一次不经意，日积月累，就会成为秉性。

有些人年轻时积极上进，品行优良，但是因为沾染上赌博、饮酒、打牌、游戏等嗜好，最后成为难以改掉的恶习，终日与酒鬼赌徒为伍，渐渐远离了品行优秀的人，再无出头之日。这样的人，到年老的时候，大都陷于懊悔之中。但是，这样的懊悔，又有何用呢？

整个世界都是异乡

我越来越喜欢普希金的那句诗，"整个世界都是异乡"。在济南这个省会城市，我生活了接近四分之一个世纪，大家都认为我是这个繁华都市的一分子，每年这个城市也会给予我很多荣誉。但是，我却始终不认为自己的生命属于这个城市，仍觉得自己是一个异乡人。因为我的根，我的血脉，在鲁西南的乡村。孤独、沧桑、惶恐、漂泊，这些词汇无时无刻不在我的身旁围绕。我用自己的笔，把我对故乡的记忆与怀念写成美丽的文字。我知道，这是我挥之不去的深深的乡愁。

历史学家顾颉刚说他之所以走上学问之路，完全得益于他童年时代的好奇心。对此，我也十分认同。我一向认为，假如一个人对于未知的世界没有好奇之心，对于远方没有好奇的渴望，对于人世的秘密不充满好奇，以至于对宇宙、科学、历史没有好奇之心，那么成就、杰出、伟大、卓越，这些词汇必定与你无缘。

读辛弃疾的诗句"千古兴亡，百年悲笑，一时登览"，顿生历史的万千苍凉！

开创自己的世界，创造自己的生活，这一直是我给自己的命令与呼唤！

年轻时，我读到了爱尔兰作家乔伊斯伟大的著作《尤里西斯》，那是他流亡之后写成的作品。他说："要想成功就得远走高飞。"事实上，很多伟大的人物都是如此。他们丢下了面子、名号、身份、地位这些累赘，在他乡广阔的世界里埋头苦干。他们的视野越来越宽，眼睛越来越明亮，最终，成功之门，次第而开。

古今中外很多流亡的作家，并非"逼上梁山"，更多的是自我放逐，因为世界太大，唯有漂泊，才能吸吮到世界文明多彩的营养，启迪心灵的觉醒。

俄国思想家舍斯托夫说："人们必须做极大的努力，然后才能醒来。"我知道，很多人一直都在努力，希望唤醒一个个麻木的灵魂。

我现在并不在乎自己的著作为多少人所知，我在乎的是我的每一个文字，是不是在发出我自己的声音，以及自己是否在通过文字寻找意义。

未来在自己手中

伟大的印度诗人泰戈尔说："每个婴孩的出生，都带来了上帝对人类并未失望的消息。"人类生生不息，每一个儿童澄澈的眼睛，都给我们无边的启示与憧憬：一切都不晚，未来在自己的手中。

如果你不能为自己的事业而陶醉，不能忘我地投身于自己的梦想，你就不要羡慕他人的辉煌，世界上没有不劳而获的果实。

每一个人，都可以是生活的艺术家。找到自己爱做的事，选择对自己有意义的生活，然后全力以赴，你的人生必定大放异彩。

我们通常在做一件事情的时候，不会仔细慎重地考虑这件事情对于自己是否有意义，是否朝着你梦想的方向。如果我们的理智是清醒的，选择真正有意义的事去做，那么用不了多久，你就会发现，你已经离原来的自己非常远了。

我从年轻的时候就坚信，只要坚持不懈地付出，就一定会有意料之外的收获。在世界的中心，有一场伟大的盛宴，等待着奋斗者的光临。我拿着宴会的请帖，听到了那里传来的醉人的音乐。

我们必须得承认，生活中的确存在不可避免的痛苦和失望，没有人能够幸运地绕开它们。重要的是，当你遭遇痛苦与失望时，选择怎样的人生态度来应对。

朋友，就是那种发现了你的优点并送上掌声，发现了你的缺点毫不客气指出来的人。当我们用推己及人的态度去接纳别人，我们的身上就闪耀起人性的光芒。

我们常常遇到那些提醒我们应该怎么做、应该做什么的人。我们丝毫不用怀疑这些人的好意与诚恳。但是，凡事还需自己拿主意，因为人生最重要的是，你自己要做什么！

我们送给别人最好的礼物，就是真实的自己。越是这样，世界就越简单。千万不要尝试去扮演自己以外的角色，那样只会更累，而且顾此失彼。

"不积跬步，无以至千里；不积小流，无以成江海。"我们的每一天，有多少轰轰烈烈的大事呢？其实，都是一些看起来无足轻重的小事，并且做好这些小事不需要多么大的能力，大多是举手之劳。但恰恰是这每一天的无足轻重，决定着你的一生。把这些小事做得一丝不苟，最终累积成人生的大厦。而看不起这些小事，总盼望着等待大事大显身手的人，最终必定蹉跎一生，空手而归。

"谋事在人，成事在天。"其实，这表达的是对茫茫世界的无奈和对渺小自我的精神安慰。因为，即使穷尽一生、兢兢业业，也往往实现不了预期的目标，甚至半途而废。我从来不用这句话搪塞自己，我也从来不预测未来，而是坚定不移地相信：我每向前努力走一步，就距离目标更近一步！

牛顿在临终前告诉身边的人，他只是一个在大海边捡拾贝壳的孩子。他在用自己的哲思启示我们：学问的大海无穷无尽，我们掌握的不过是沧海一粟，再勤奋的人，得到的不过是知识海洋边的几枚贝壳罢了。

虽然，春天在开过花以后就告别了，接下来就是落红满地的凄凉，但是，我知道她一定还会再来。尽管深夜的黑暗无边无际，但是我坚信，黑暗必将消退，黎明一定会来。

庄重的承诺

　　我一直在任性地走自己的路，因为在生命的前方，有我庄重的承诺。

　　我对璀璨的星空充满了渴望，跋涉在被鄙视者的尘埃遮蔽的小路上，因为我在少年时代就读到了这样一句格言："命运就在你自己的手上。"

　　泰戈尔的"让世界自己寻路向你走来"，多年以前读到这句诗的时候，我突然热泪盈眶。那个时候，我对于自己的未来还很迷惘，我并没有十足的把握。这句诗让我醍醐灌顶：只要我努力，世界自会络绎而来，一切都无可畏惧！

　　其实，在这个世界上，每个人每天的经历，都是普通而平凡的，即使那些后来成就了一番伟业的人，最初的经历也是平凡的。重要的是，你自己认为自己是平凡的还是杰出的。这正是杰出者与普通人的区别。

　　被人理解、认同甚至赞誉，是每个人都追求的目标。但是，生活的哲学往往是这样的：在你成功之前，你不会得到，而且这个阶段很漫长的——漫长的寂寞，漫长的等待，甚至漫长的误解与讥讽。所以，我们诚心地赞美那些为实现自己的抱负意志坚定、心无旁骛的人。

　　一个精神富足的人，不会羡慕别人的好运，也不会模仿别人的做派。我知道世界上必定有一个适合我的位置，必定有一条属于我的道路。我要努力把握的是，在生活的静与闹之间，选择一个比例。我不能让这个比例紊乱，因为太闹就会烦躁和漂浮，做不成什么大事；太静又容易忧郁孤独，离生活越来越远。

失败的人，总是把痛苦无限夸大，总以为自己陷入了深渊。其实，你只是败给了自己。每天清晨，你与这个世界上所有的人一样，都沐浴着崭新的太阳。

所有的浮华，终将消失。唯有自己洒下了辛劳的日子，在岁月的枝头闪耀着熠熠的光芒。

"万古云霄一羽毛"，我始终记着泰戈尔的这句话。清晨和黄昏里，诗句中在枝头鸣叫的飞鸟，也始终停留在我的眼前。我从他的诗歌中，一直获得源源不断的力量。

人的痛苦，大多是因追求完美而不得造成的。如果明白了世界上并不存在"完美"，所有的痛苦就会烟消云散。人也是一样，无论多么伟大、多么崇高，都有瑕疵，所以，就不要为自己身上的缺点自惭形秽。

"暧暧远人村，依依墟里烟。狗吠深巷中，鸡鸣桑树颠。"有人说这样美好的田园生活，这样无我的世外桃源，在当代早已绝迹了。其实，我认为没有消失。这种境界，始终存在于文学家的心灵之境，始终存在于文学家的笔下，与自然界的风物并不相干。

不经意的千古一瞬

　　千百年来，唐朝诗人张继的《枫桥夜泊》"月落乌啼霜满天，江枫渔火对愁眠。姑苏城外寒山寺，夜半钟声到客船"，可谓妇孺皆知。寒山寺本来只是苏州城外一座普通的小寺，自从《枫桥夜泊》问世，寒山寺也跟着名扬天下，成为游览胜地。在寒山寺的碑廊里，在一块石碑上面镌刻着这首脍炙人口的《枫桥夜泊》。这块由清末著名学者俞樾书写的诗碑，也成为寒山寺中的一绝。

　　在唐代诗人中，张继不是大家，恐怕也算不上名家。如果这首《枫桥夜泊》诗没有流传下来，今天也许没有多少人知道他的名字。

　　事实上，当时的张继，是去京城赶考的。到了放榜的那一天，他很早就去了张榜的地方。等到榜出来了，他没有找到自己的名字。万念俱灰的青年诗人张继，对于功成名就不再抱有丝毫的希望，他租借了一条小船，泛舟而下，一路惆怅地到了苏州城外的枫桥附近。这个时刻，正是秋天的夜晚，江南水乡秋夜幽美的景色吸引着这位落第回乡怀着万千旅愁的游子。夜半时分，寺院里传来的几声钟鸣，使他瞬间领略到一种隽永含蓄的诗意美，写下了这首意境深远的千古绝唱，表达了诗人在孤寂忧愁的时刻里感受到的最愁苦的情感。

　　正是这个绝妙的瞬间，成就了一个伟大诗人张继。在 1200 年前，那次榜单上所有的名字都早已被历史的尘埃所淹没，但是因为榜上无名而万念俱灰的张继，却因为那个愁苦的瞬间所作的诗篇千古流芳。

同样，还有一个伟大的瞬间也出现在唐朝。

今天，连小学生都知道推敲的典故来源于苦吟诗人贾岛。贾岛早年因为家境贫寒出家为僧，自号"碣石山人"。后来，他还俗参加科举，没想到累举不第。再后来他做了个小官，仕途也很不如意，一生没有多大建树。但是，作为一个诗人的贾岛，却因为遇到了一个伟大的瞬间而同张继一样名垂青史。

贾岛因科举不顺便沉迷于诗中。有一次，他骑着驴琢磨一首诗："闲居少邻并，草径入荒园。鸟宿池边树，僧推月下门。过桥分野色，移石动云根。暂去还来此，幽期不负言。"但他有一处拿不定主意，就是第二句中的"僧推月下门"的"推"，感觉不如"敲"好。他嘴里就"推、敲""推、敲"地念叨着，不觉一头撞到京兆尹韩愈的仪仗队，随即被押至韩愈面前。

韩愈问贾岛为什么乱闯。贾岛就把自己做的那首诗念给韩愈听，把拿不定主意用"推"还是"敲"的事说了一遍。贾岛是幸运的，他撞上的是当朝的大文豪韩愈。韩愈听了，哈哈大笑，对贾岛说："我看还是用'敲'好，万一门是关着的，推怎么能推开呢？再者去别人家，又是晚上，还是敲门有礼貌呀！而且一个'敲'字，使夜静更深之时多了几分声响。静中有动，岂不活泼？"贾岛听了连连点头。他不但没受处罚，而且还因此得到韩愈的赏识和举荐。

这样一个歪打正着的瞬间，不仅改变了贾岛的人生之路，也成就了中国历史上一段佳话。

难道我们没有那样听到钟声的机缘？难道我们没有巧遇高人或大家的时刻？一定有。每个人的一生中也许都会遇到这样的瞬间，有可以这样让自己在历史中定格的机会，只是就看我们是否懂得珍惜那一刻了。

吟唱着开心的歌谣

美国最大的橡胶公司的董事长莫根有一个著名的观点，那就是一个人取得成功的前提，不是学历的高低或专业素养的多少，而是看他做事情开心的程度。

这位实业界的领袖对于那些所谓单靠十年寒窗就可以成名的古训，并不相信。因此，每次他的公司招聘员工，他的条件都很特别。他不要求学历和专业，而是重在考察这个人对于所要应聘的职位有多少兴趣，喜欢的程度。而招聘结束，他还要继续考察，看这个人做事情是否开心，是否会变成工作的奴隶。因为他认为，一个人一旦变成了工作的奴隶，也就没有了丝毫兴致，所有的创造力必然丧失殆尽，不会给企业带来任何创新的精神。

有一个叫威廉的人，是纽约证券股票交易市场的主管人员，他的收入很高，但是却不快乐，他说自己工作忙碌得连微笑的时间都没有了。太太抱怨他缺乏爱，孩子抱怨他缺乏亲情，同事则抱怨他没有人情味。一个偶然的机会，他遇到了莫根，说自己是百老汇大道上最成功的人，也是最不快乐的人。

莫根认为是工作的压力让威廉失去了快乐，便给他写了一张纸条，让他每天都坚持这样去做。

早上起床以后去洗手间，对着镜子说：早上好，今天快乐！

转过身来见到太太的第一句话就说：亲爱的，早上好！

他开车去公司，哼起最喜欢的歌谣，他发现自己的心情是那么舒畅。

到了公司，他对着门口的保安点头微笑，保安受宠若惊地向他敬礼。他对电梯管理员微笑着点头，人家也微笑着冲他致意。见到同事，他马上问候："早上好！"他发现大家似乎也都有什么好事情发生一样，脸上都荡漾着快乐。

一整天，他对所有打交道的人都报以微笑，他发现大家对他也报以微笑，全然没有了往日那种紧张激烈的气氛。

下班回家，开动了车子，他哼起了另一首学生时代的歌谣。他感觉这一天是那么美好，那么轻松愉快，周围的人那么和善，这个世界那么富有人情味。

回到家，他对着太太和孩子微笑。太太和孩子说，今天一定有好事情！

是啊，他说，人生还有什么能胜过好心情呢！

他每天坚持这样做，身边所有的人都发现他变了。他由一个容易焦躁、非常情绪化、经常绷着脸的人，变成了一个唱着美丽的歌谣、喜欢微笑的人。

他对于自己的工作也由原来的畏惧变得喜欢起来，原来的枯燥乏味荡然无存，一切都变得生机勃勃。没过多久，他的职位便得到升迁。

事实上，威廉还是威廉，周围的人没有丝毫改变，他的家庭没有丝毫改变，他的工作也没有丝毫改变，他只是改变了自己的心情而已。但是，心情一改变，他的一切也随之改变了。

幸福人生的秘密在这里，解除烦恼的秘密在这里，成功的秘密也在这里：唱着开心的歌谣去生活。

大师的认真

一位杰出的大师，也许我们很难用一句话说清他与一般人有哪些不同，但是，有一点是肯定的：他们都有着不肯轻易妥协的坚持和认真。

美籍华裔物理学家李政道博士 1940 年到美国读研究生，他的导师是大师级的物理学家费米教授。费米教授每周用半天时间跟李政道讨论问题，他的主要目的是训练学生对一切问题能够独立思考的能力。

有一次，费米教授问李政道："太阳中间的温度是多少？"李政道答："大概是 2000 万绝对温度。"费米问："你是怎么知道的？"李政道说："是从文献上看来的。"费米教授问："你自己有没有算过？"李政道答："没有，这个计算比较复杂。"费米教授告诉李政道："作为一个学者，这样不行，你一定要自己思考和计算。你不能轻易这样接受人家的结论。"李政道问："那怎么办？这里有两个公式，看起来不是很复杂，但真要做起来，却并不简单。"费米教授说："你能不能想一个其他的方法来计算？"李政道说："想什么办法呢？没有大计算器。"费米教授当时正在做一个很重要的物理实验，但是他放下手中的实验，与李政道一起做了一台计算器。

不久，世界唯一专门用来做大计算的计算器便做好了。李政道用自己设计的计算器计算出了太阳中间的温度。李政道后来回忆说，费米教授看重的，并不仅仅是做这样一次计算，他是让学生明白，作为一个科学家，不能轻易接受别人的结论，必须自己亲手做实验来验证，而且要尝试使用新的方法。这件事让李政道博士一生受益无穷，以后他无论在学术研究还是在做人处世方面，都始终坚持脚踏实地、开拓创新。

1994 年，著名指挥家小泽征尔回到出生地沈阳，他决定指挥辽宁交响乐团上演《德沃夏克第九交响曲》。第一天，在排练完第四乐章后，小泽征尔的脸色骤然沉了下来，紧皱眉头，低沉地自语道："怎么会这样？这样的乐团怎么去演出？"忽然，他将指挥棒重重地敲了一下乐谱架后说："从明天起，我们进行个人演奏过关训练。"这等于在说，每个人需要从基本功训练做起——这绝不是大师级指挥家做的事。但是此后，这位享誉世界的指挥家小泽征尔，每天坚持上训练课六个钟头，他一次次仔细认真地纠正每一个乐手的演奏，俨然是一位教音乐课的小学音乐教师。

到了第三天下午，小泽征尔实在是太疲劳了。他先是蹲在地板上指挥，后来干脆就跪在地板上指挥，脸上的汗水挥洒在乐谱和地板上。尤其是第一小提琴手，尽管小泽征尔一次次地纠正她，可还是难以令人满意。望着大师被汗水浸透了的头发，还有一脸的疲惫，第一小提琴手难受极了，失声哭了起来："老师，对不起，您另选他人吧，我不行。"在场的人都以为小泽征尔会发火，不料他却十分平静地说："你行，只差一点点，请再来一次。"当第一小提琴手拉完一遍，大师捋起头发说："谢谢，请再来一次好吗？"就这样，当第一小提琴手的演奏终于达到满意的时候，小泽征尔大口喘息着，笑着说："你们都行，谁也没有理由泄气……"

就是从那个时候开始，所有参加了那一次演出的乐团乐手，都犹如接受了一次脱胎换骨的洗礼。不仅仅是在音乐方面，还明白了一个乐手之所以成为大师的秘密所在。

放弃之前的最后一试

　　巴尔扎克是世界上公认的最伟大的作家之一，他的《人间喜剧》至今依然是后代的作家难以企及的艺术高峰。但是，这样一位伟大的作家，却差点与世界失之交臂。

　　巴尔扎克出生于一个法国大革命后富裕的资产阶级家庭。在法科学校毕业后，他拒绝家庭为他选择的受人尊敬的法律职业，立志当一名文学家。1829 年，经过几年刻苦努力的巴尔扎克，完成了自己的第一部长篇小说《朱安党人》。

　　小说从邮局邮寄给十几家出版社以后，巴尔扎克每天就在家里望眼欲穿地等待，他希望有一家出版社能够赏识自己的作品。

　　一个雨后的早晨，按照往常的规律，到邮递员送邮件的时间了，巴尔扎克急切地等待着邮递员的敲门声。

　　突然，敲门声响了。巴尔扎克忐忑不安地站起来，他希望这一次送来的不是退稿。他已经收到 17 次退稿了，17 家出版社都如出一辙地回信告诉他："巴尔扎克先生，贵稿经过我们审读以后，不拟出版，特此奉还。"

　　这次邮递员又把一个鼓鼓囊囊的包裹递给了他。巴尔扎克一看立刻伤心到了极点。他知道这次毫无疑问又是退稿，那鼓鼓囊囊的包裹正是他邮寄走的小说。

　　邮递员出了门，巴尔扎克立刻愤怒地跳起来，一把将包裹投向火炉付之一炬，决定放弃这没有什么希望的文学梦想！

他的妻子立刻冲向火炉，把将要燃烧的稿子抢了出来。妻子把稿子紧紧地抱在怀里，恳求地望着巴尔扎克说："亲爱的，我敢肯定这是一部好小说，一定会被赏识的。再找一家试一次，最后一次！""这样的话我已经听了十几次了！我再也不能忍受这些出版社的傲慢，我不写了！"巴尔扎克情绪激动地怒吼道。

在妻子的鼓励下，巴尔扎克不抱什么希望地把稿子再次邮寄出去。他想，如果再遭遇退稿，他无论如何也不会再听妻子的劝告，再也不从事文学写作了。

一周以后，就在巴尔扎克已经心灰意冷，不抱什么希望的时候，他的家里来了两位尊贵的客人，一位是出版社的社长，一位是出版社的编辑。他们不仅看好《朱安党人》这部小说，还看好巴尔扎克不凡的写作才能。不仅要立即出版《朱安党人》，还要与巴尔扎克签订长期出版合同，要出版巴尔扎克以后的全部著作！

巴尔扎克完成的这部长篇小说《朱安党人》，取材于现实生活，一经出版，就引起了轰动，为他带来了巨大声誉。巴尔扎克将《朱安党人》和计划要写的一百四五十部小说总命名为《人间喜剧》，并为之写了前言，阐述了他的现实主义创作方法和基本原则，从理论上为法国批判现实主义文学奠定了基础。

莫被错误的信念误导

有一本名为《青春永驻的奇迹》的书，里面详细地讲述了这样一个病例，病人被错误的信念误导，一夜之间衰老了20多岁，而在真相大白以后，青春又迅速恢复的故事，令人回味。

病人叫罗歇尔，是美国一家汽车公司的职员。他业务能力很强，但是因为下唇太大，女朋友总是跟他确定不了关系，同时也深深影响着他在公司里的形象。罗歇尔因此下决心不惜代价做整容手术，把自己过大的下唇恢复到正常的大小。

手术很成功，罗歇尔的下唇多余的赘肉被成功切除。由于医生又进行了一定的修饰，罗歇尔的下唇看起来比一般人的还漂亮。由于多了一份自信，罗歇尔先生看上去倜傥潇洒，举止言谈也很有风度。

罗歇尔先生很高兴，出院以后的第一件事就是邀请女友去加利福尼亚的海滩度假。可是，女友依然不愿结婚。他很伤心地问女友原因。一开始，女友怎么也不说，经不住他的再三央求，女友告诉他：有一个医生说，他的下唇奇大的原因，是里面生长着一种非洲甲虫，过不了多久，他的下唇还是会恢复到原来畸形的样子。

听了女友的话以后，罗歇尔很恐惧，他听说过这种可怕的非洲甲虫，它在人的身体内慢慢滋生，最后会吞噬掉你的全部血液和肉体。他开始忧虑不安。回到家的第二天，他就感觉自己的下唇里好像有无数的甲虫在乱咬，疼痛难忍。很快，人们就发现，罗歇尔先生刚刚做好了没有几天的下唇开始变大了，整个脸部也开始肿起来，眼睛里充满了血丝。

罗歇尔赶紧去找为自己做手术的医生。他的症状让医生和护士都非常震惊，因为一个周以前做完手术出院时英俊健康的罗歇尔先生变成了另外一个人。他的双手像上了年纪的人一样颤抖，眼窝已经深陷下去，体重轻了接近10磅，下唇变得比原来的时候还要畸形丑陋。他看上去衰老了几乎20岁。

医生找不到合理的解释，更难以相信有什么所谓的非洲甲虫。但是，医生猜测，既然刚刚做好的下唇这么快发生了病变，原因一定还是出在下唇里。医生对罗歇尔的下唇再次进行了手术。切开下唇以后，医生更加惊奇，里面根本就没有什么可怕的非洲甲虫，所有的组织都很正常。

大家都大惑不解，无法解释罗歇尔先生身体在一周之内迅速病变的原因。医生请来了心理专家。在了解了相关情况以后，心理专家给出了这样的诊断：罗歇尔先生自己的心理暗示，误导了身体的信息系统，从而使身体迅速发生病变。心理专家进一步分析说，我们所有的人都一样，如果我们坚定地认为自己有什么疾病的话，即便身体没有这种疾病，身体也会出现这种疾病的特征。

罗歇尔先生出院了。几个周以后，当他再次出现在医生面前的时候，他再一次让人们惊奇不已。他似乎在一夜之间找到了灵丹妙药，他的下唇完全正常，目光炯炯有神，脸色红润，英俊潇洒。

时刻被这个世界感动着

"为什么我的眼里常含泪水，因为我对这片土地爱得深沉。"

每次读到艾青这句诗，我都禁不住想，诗人的情感世界里有着怎样的感动，而这些感动又是怎样化作澎湃的激情，写下了不朽的诗篇？

艾青就这样被自己脚下的土地感动着，感动得常常满眼泪水。

比如普希金，比如惠特曼，比如徐志摩，比如许许多多的科学家，他们或被自然界的神奇景色，或被热烈的爱情，或被自己的偶然发现，或被祖国的成就，感动得忘乎所以，感动得激情燃烧，因而产生了不朽的文学作品或伟大的科学发现。

一个人必须有这样一种素质，一种能够被平凡的生活和许多习以为常的事情所感动的素质。

年轻的时候，大多数人都有这样一种经历：常常被一些事情感动得热泪盈眶，感动得激情澎湃，这种感动又往往化为无穷的动力，激励着自己刻苦学习，激励着自己实现理想。这几乎是我们每一个人都有过的经历。但当我们成熟起来，有了一定人生阅历，甚至有了很多人生的坎坷和沧桑，许多人的感觉却变得迟钝、麻木了。这是大部分人在人生之初就被灌输的一种成熟，是一种让自己适应平庸的成熟。这种成熟，毫无疑问是感动的杀手，它让一个人面对应该被感动的事情时，可以心静如水。

一个人内心如果没有了感动，也就什么都没有了。

还有一种人一生都在努力保持自己童真般的感动，努力使自己的感动不因阅历的增加而减弱。若没有了感动，就没有了敏感，没有了灵性，没有了观察的敏锐和深邃，也就没有了奇异的发现和独特的思考。

即使是这样，感动也在一天天变得迟钝，这与很多因素有关。因为我们还有这样一种秉性：经历过一次，被感动过一次，就习以为常。经历越来越多，人生中的第一次越来越少，被感动的机会也就越来越少。这个时候，感动变成深藏于我们心灵深处的品质，需要你时刻提醒和关照，它才会不因外壳变得越来越厚而被逐渐忘却。这个时候，我们必须努力培养一种能力，一种把自己的感动调动出来的能力。

一个人常常被这个世界感动着，也常常被自己的一些想法感动着，就一定会感动他人，也一定会感动这个世界。

感恩生活的点滴馈赠

　　古印度流传着这样一个故事：一个青年跟人学习雕刻佛像，但是学了几年之后，他的技艺仍然得不到认可，因为他雕刻的佛像没有澄澈的禅意，反而有一种庸俗的气息。

　　有人建议青年去寺院跟随禅师学习修行，等有了佛法的心得，再来雕刻佛像，就肯定是另一番境界了。青年人听了人们的规劝，去了一家著名的寺院，拜老禅师为师。老禅师告诉他，希望他在这里修行三年。为了考察弟子的修行成果，每当年底的时候，要求弟子必须用两个字概括自己一年来修行的心得。

　　转眼之间，第一年的年底到了。禅师让他说一下自己的心得。弟子这样回答："床硬。"听了弟子的回答，老禅师看也不看一眼弟子，就摇头走了。

　　次年的年底，老禅师又来听弟子的心得。他盯着弟子，让他说说这一年的修行体会。青年人脱口而出："饭差。"老禅师失望地看了一眼弟子，又走了。

　　到了第三年年底，老禅师又来到了禅房，他径直走到青年人面前，示意他说说自己这一年的心得。弟子看了看老禅师，愤怒地说："告辞。"然后，头也不回地走出寺院，下山去了。

　　老禅师十分失望，看着青年人远去的背影，他平静地自言自语："心中有魔，难成正果。可惜，可惜。"

在老禅师的眼中，这位青年人心中的魔就是他没完没了的抱怨，他只是想到自己应该住舒适的床，应该吃可口的饭菜，考虑的是自己缺少什么，却没有认真去思考自己在这里得到了什么，自己受到了什么厚待。

青年人下山后继续从事雕刻佛像的生意。可是，人们发现，在寺院学习了三年佛法的他，雕刻的佛像非但没有什么进步，反而比过去还多了浮躁和俗气。这样他的佛像更加无人问津了。

青年人硬着头皮再次来到寺院，他向禅师真诚地表达自己的悔意，希望老禅师不计前嫌，继续收他做弟子。老禅师没有回答，对他说：你去河边挑两桶水来吧。

青年人去了。可是，当青年人挑着两桶水来到老禅师面前的时候，老禅师却破口大骂，让他赶快离开寺院。当时，天已经黑了，山路崎岖。有弟子向老禅师求情，允许他住一夜再下山。

半夜时分，青年人被老禅师喊醒了。老禅师对他说：你知道我傍晚为什么骂你吗？要你挑水，我是要考察你学习佛法的诚心，水是上苍的恩赐，你挑来的水只剩下了半桶，都被你洒在了山路上，而你却毫不在乎，像你这样不懂得感恩的人怎么能够雕刻佛像呢？

青年人如梦方醒。他再也不想雕刻佛像的事情了，潜心修行，最后成为一个著名的禅师，也是印度最著名的佛像雕刻大师。

一个不懂得感恩的人，是不会具有宁静安然的心境的；而一个充满了浮躁和世俗心态的人，又哪里会有丝毫的快乐，又能够做成什么事情呢？当我们开始懂得感恩生活的点滴馈赠的时候，我们就是一个从容快乐的人了。

留下麦穗给过路的人

《圣经》中有几条这样的忠告：你在田间收割庄稼，若忘下一捆，不可回去再取；你打橄榄树上的果子，枝上剩下的，不可再打；你摘葡萄园的葡萄，剩下的，不可再摘，要留给寄居的孤儿寡妇，还有过路的行人。

在以色列，至今有一条不成文的习惯依然被民众遵守：割麦子的时候，一定要留下四角的几片麦子不收割，摘葡萄的时候一定要剩下边缘的葡萄不摘取，自家庄园的门口一定要放上一些干粮。他们这样说：谁都有处于困境的时候，谁都有走投无路的时候，谁都有需要帮助的时候。

德兰修女说过这样一句话："我们都不是伟大的人，但我们可以用善良的心去做生活中每一件平凡的事。"

法国有一个由志愿者兴起的节日，叫露宿街头周。他们动员安居乐业的人们，每年都在这一周到街头去露宿，以体会无家可归、长年露宿街头者的窘迫和艰难，以激发爱心情怀。当政府的管理部门因为奉命整治市容市貌而将露宿街头者赶走的时候，志愿者们作为社会的成员主动送上关切，以体现社会温暖的一面。

黑格尔在《生命的哲学》里讲述了这样一个故事：一个即将被执行死刑的青年囚犯，在被押赴刑场的时刻，围观的人群中突然有一个老太太说：看，他那金色的头发多么迷人！那个即将告别人世的囚犯听到后回转身来向老太太深深鞠躬，充满感激地说："如果我的周围平时多一些像您这样善良的人，我也许就不会有今天。"

俄国作家赫尔岑在自己的回忆录中谈到这样一个风俗：在寒冷的西伯利亚的乡村，出于对流放者和穷人的关怀，形成了这样的习俗：居民夜间在大门口或者窗台上放一个筐子，里面放一些面包、牛奶或饮料，如果有流放者夜间路过这里，或者穷人走投无路，饥寒交迫，又不敢敲门进屋，就可以随手取食，以渡过难关。

印度的甘地有一次上火车时，一只鞋被车门挤到车外，他立即把另外一只鞋也抛下去，大家感到很奇怪，问他为什么要这样做，他说："如果一个穷人正好从铁路旁边经过，他就可以捡到一双鞋子，这或许对他很有用。"

还有一个动人的故事是这样的：有一个心灰意冷的青年人，因为遭受了巨大的挫折，决定自杀。在临死之前，他努力回忆自己20多年的人生经历，希望能够找到一个让自己活下来的理由。他想了很久，终于他想到自己读小学时的一件事情。

那是一节美术课，他画了一棵风中的杨树。这时美术老师正好经过他的身后，老师看了他画的杨树之后，感慨地说："多么挺拔伟岸的一棵杨树！你将来也许可以成为一个优秀的画家！"多年过去了，他竟然忘记了老师的赞美和期待，也忘记了继续画画，毕业以后再也没有去拜访过那位可敬的老师。这件事情让他决定活下来，报答老师的关怀和期望，成为一个画家。

青年人把烦恼和痛苦放在一边，重新燃起生活的希望，去拜访了自己当年的美术老师，重新拜师学画。几年以后，他果然成为远近闻名的山水画家！

英国作家狄更斯曾经这样充满深情地描述生命的意义："如果我能够弥补一颗破碎的心灵，我便不是徒然地活着。如果我能够减轻一个生命的痛苦，抚慰一个生命的创伤，或者让一只离巢的小鸟回到巢里，我就不是徒然地活着。"

　　是的，我们每一个人，都应该具有这样的人生信念——我们不能让自己徒然地活着！

一棵千年古树

在美国的科罗拉多州长山的山坡上生长着一棵巨大的古树。当第一批欧洲移民来到北美大陆的时候，有一位植物学家发现了。植物学家仔细地测量了它的年轮和周长后说，这棵树至少存在了千年以上。大家听说后都去参观这棵稀奇的古树，为它起了很多苍老的名字，把它看作是科罗拉多州的历史和象征。

植物学家对这棵古树在进行了更细致的研究后发现，1000 多年以来，这棵参天古树可以说是多灾多难：它遭受了 41 次雷击，经历过 6 次森林大火的焚烧，它生长的这个山坡遭遇过 39 个特别干旱的年头，也曾经在 58 个年头里遭受暴雨的侵袭。至于被狂风扫荡的经历就不计其数了，每年都有几个月是在狂风大作的天气里度过的，因为它生长的这个山坡，正是大峡谷的进风口。

令人惊奇的是，这棵巨大的古树在所有这些灭顶之灾面前都挺了过来，栉风沐雨，战胜了一个个灾难，由一棵弱不禁风的小树苗渐渐长成了参天大树，耸立于天地之间，甚至成为整个北美地区的树林之王。

在南北战争结束以后，时任美国总统的林肯曾经在一次视察的时候前来参观了这棵古树。为了表达对古树的尊重，林肯下令为古树立了一块纪念碑，上面记载了植物学家对古树考证的纪录，并在古树的周围树立了一圈保护链，要求每一个来这里的人都要自觉保护它。古树由此名声大震，成为美国乃至北美地区一处有名的景观。

可是，不久之前，这棵被发现屹立千年的参天古树，突然枯萎死掉了，它那庞大如云翳一般的树冠纷纷落下，它那伟岸雄壮的身躯腐烂了。

这则消息立即惊动了美国植物学界，植物学家们带着各种先进的仪器来到这里对古树进行会诊。会诊的结果不仅仅让他们，也让所有关心这棵古树的人们痛心：它不是毁于自然界气候的变化，不是因为树龄的苍老，也不是染上了什么疾病，而是毁于树心里的一窝小甲虫！

不知道是哪一天，有一只小甲虫来到了这棵古树身边，它沿着一条狭长的缝隙钻进了古树的腹部，然后在古树的心脏里安营扎寨，繁衍子孙。它们吞噬古树的汁液，吃古树的树根，慢慢地把古树的内脏吞噬殆尽。然后，它们把古树的根须咬断，把古树的叶子吃光，最后彻底切断了树干与大地的联系。

甲虫的家族越来越兴旺，它们悄无声息、持续不断地攻击，使古树渐渐丧失了千年积聚的元气，终于在一场小小的风雨之后，轰然倒掉了！

历经苍苍千年的参天古树，岁月不曾改变它的斗志，闪电不曾击倒它的躯体，狂风暴雨也不曾拧断它的枝叶，可是最后，它竟然被一只小小的甲虫毁掉了。

我们的社会中，有多少人像这棵北美的千年古树，自己经历了无数的艰苦努力，取得了辉煌的业绩，可以撑过无数的狂风暴雨的打击，可是最后，却没有抵挡住那微不足道的小小甲虫的噬咬，被自己一时的糊涂葬送了一生的前程。

财富每天都在更换主人

黎巴嫩作家阿明·雷哈尼对于财富有极为精彩的论述：真正的财富是这样一些东西：一个人如果没有它们，可以认为自己是富有的。

他自己对这句话的解释是这样的：如果我贫穷，但是我对生活中的小玩意和奢侈品，诸如马车、纯种马、地毯、家具以及各种享乐用的物品一无所求，就可以说，我是富有的。如果我富有，但是我的收入不够支付宴会、歌舞晚会的开销，甚至不够支付仆人的工钱和马厩的租金，那么我依然是贫穷的。

这是我所听到的关于财富的最精彩的论述！是的，到底什么是财富？这是针对你自己给自己设计的生活方式而定的，是由你自己的人生观决定的！

如果你是一个淡泊的人，很少一点金钱，对于你就已经是富有，因为你不需要那么多。而你如果是一个追求奢侈生活的人，那么不论你有多少金钱，你也是贫穷的，因为你欲壑难填，奢侈没有上限。

如果我们在财富面前有这样达观的标准，财富就是我们的奴隶，就是我们生活的工具，它必定成为我们人生的快乐和幸福。而事实上却恰恰相反，我们大多数人都是财富的奴隶，每一天都在为如何增加财富的数量"殚精竭虑"，让自己变成了财富的工具。

与财富相比，安全是我们一生都要面对的问题，哪里最安全呢？

比如船，几乎每天都有船只在大海中倾覆，几乎每天都有船员葬身大海，什么时候才能安全呢？毫无疑问，是那些离开了大海，被放在沙滩上的船。只有不航行，才没有危险。但船一旦离开了大海，还有存在的价值吗？

当灾难发生时，居民们纷纷带上自己最贵重的财物四散奔逃，有一人却两手空空。大家问他为何这样离开时，他回答说："因为我的一切都在我身上。"是的，还有比生命更宝贵的吗？

我们最困难的事情是什么呢？不是获得多少财富，而是努力认识自己，尤其是认识自己的不足。当一个人发现了自己不足并加以改进的时候，他的人生就会出现转机。

有人问雅典的执政官梭伦："为什么作恶的人往往富裕，而善良的人却往往贫穷？"梭伦回答："我们不愿把我们的道德和他们的财富交换，是因为道德是永远存在的，而财富每天都在更换主人。"靠作恶致富的人，内心肯定非常空虚，而且富裕也绝不会长久。

在我们的一生中，财富不是最重要的，健康才是第一位的。因为没有健康的身体，智慧就无法表露，文化就无法施展，力量就无法战斗，知识就无法利用。生命因健康而快乐，因疾病而枯萎，有了健康，才有一切。

请你记住，并不是获得财富就能够赢得快乐，使你快乐的是你感兴趣的工作。如果你对于从事的工作不感兴趣，无论取得多大的成功，拥有多少财富，对于你也是痛苦。

过去的事情能否更改呢？赫拉克利特回答："人不能两次踏进同一条河流。"流水会变，落花会变，时间会变，环境会变，什么都会变，什么都不能重复。一个智者，最明智的选择是相信未来。

一个满脸愁苦的病人问安提丰：如果不是为了获得财富，活着到底有什么意义？安提丰说：我至今也没有弄清楚，所以我要活下去。活着就是为了追求，为了探讨，为了知道自己还不知道的事情。亚里士多德这样说：他们活着是为了吃饭，而我吃饭是为了活着。

庸人享口福之乐，哲人享智慧之乐；庸人享物质之乐，哲人享精神之乐。

有人问古希腊的庇塔乌斯："最理想的家是什么？"庇塔乌斯回答："最理想的家是既没有什么奢侈品，也不缺少必需品。"这个回答很理智，也很聪明。奢侈品是给别人看的，必需品是给自己用的。打肿脸充胖子的人，永远也成不了"胖子"。

瓦尔登湖的木屋

在 19 世纪美国的文化巨匠中间，有一位提倡回归本源、走进自然的作家梭罗，他与爱默生、富勒一样都是追求俭朴生活的一代宗师。

在哈佛大学毕业以后，梭罗摒弃了家里给他谋划好的传统意义上的事业，开始了大地漫游者的漂泊生涯。1845 年，他来到了波士顿市郊的瓦尔登湖。他惊诧于大自然的造化神工：人间竟然有这样美丽的地方！周围宁静得可以听到一枚落叶的声音，树木和空气都清新得像是水刚刚洗过一样。他想，再也没有比这样的地方更适合读书、思考和写作了。没有人打扰，没有人世间的喧嚣，连时间也静止了。他选择了密林中的一小块靠近湖边的空地，一边是密林，一边就是静谧的湖水。他开始盘算，盖一个小木屋需要多少木头、多少钉子和什么工具。他还需要开垦多少荒地种植粮食才能养活自己。盘算好了，他到附近的镇上买好一切，自己到林子里砍伐木头，动手盖了一间小木屋。他共计花费了 28 美元。

一直到 1847 年的冬天，梭罗都住在这个小木屋里。在美丽的瓦尔登湖边，在开垦荒地种植庄稼和渔猎的间歇里，他完成了伟大的文学巨著《瓦尔登湖》。

他亲手建造的这个小木屋也成了人们神往的地方。可是一个简易的小木屋能够支撑多久呢？风吹日晒，小木屋倒塌了。

如何重建小木屋成为马萨诸塞州的难题，是修建一个规模宏大的纪念馆，还是仅仅恢复原状？后来，州政府听取了专家的建议，仅仅恢复原状，而且，同当年的梭罗一样，只花费 28 美元的造价！

　　小木屋很快就恢复了，与原来唯一不同的是，小木屋的门口树立了一尊梭罗的铜像，他满头乱发，穿着脏兮兮的西装，深邃的目光凝视着远方的湖面。

　　尽管还是那个简易的小木屋，但从世界各地到这里来凭吊梭罗的人，没有一个人感觉小木屋有损于梭罗的伟大。恰恰相反，人们在这里似乎看到了当年那个思索着的梭罗，听到了他在湖边散步的声音。

　　与之相似，在莫斯科不远的图拉附近，有一个庄园叫亚斯纳亚。在庄园里一条不起眼的土路旁边，有一个稍稍隆出地面的小丘。这个小丘周围除了茂密的参天大树，没有其他任何明显的标志，只在不远的地方插着一块普通的小木牌。小木牌上刻着两行字："请你把脚步放轻些，不要惊扰正在长眠的托尔斯泰！"

　　就是这样一个极普通的小木牌，就是这样一个普通得不能再普通的小土丘，每天都吸引着无数仰慕这位大文豪的人前来。他们静穆地站在土丘前，献上一束野花，表达自己由衷的崇敬。所有来到这里的人，都轻轻地从小土丘前走过，仿佛担心惊醒了沉睡中的托尔斯泰。

　　奥地利文学家茨威格在旅俄期间去拜访托尔斯泰的墓地，为这样一位文学大师仅有这样一块普通的坟墓而震惊。为此，他写出了那篇著名的文章《世间最美的坟墓》，对朴素的墓地下同样朴素的灵魂做了由衷的赞美。

　　德国的黑格尔，同样是世界文化领域里顶天立地的人物，他的墓地也同样普通——在德国柏林的一个极不起眼的公墓里。杂乱拥挤的一个个坟墓中间，静静地躺着伟大的黑格尔和他的夫人。他的坟墓是 18 号，只是众多公墓中的普通一个，与他周围那些不计其数的普通平民坟墓没有任何区别。

每一天来拜访黑格尔墓地的人都很多，大家费了几番周折才能找到。但当站在这个普通的墓地前，每个人的灵魂无疑又都经历了一次洗礼和升华。

梭罗、托尔斯泰、黑格尔，无论是他们的故居，还是坟墓，都是世界上最简易、最普通的，但是这些却丝毫没有影响他们在全世界的声誉。

恰恰相反，他们在简朴、低调的生活中，创造出的巨大的精神财富，令世人崇拜和景仰。

曼德拉的顿悟

南非的民族斗士曼德拉，因为领导反对白人种族隔离政策运动而入狱，白人统治者把他关在荒凉的大西洋小岛罗本岛上 27 年。尽管当时曼德拉已经高龄，但是白人统治者依然像对待一般的年轻犯人一样对他进行残酷的虐待。

罗本岛位于离开普敦西北方向 11 公里的桌湾。岛上布满岩石，到处都是海豹、蛇及其他动物。曼德拉被关在总集中营一个"锌皮房"里，他白天打石头，将采石场采的大石块碎成石料。他有时从冰冷的海水里捞取海带，有时做采石灰的工作。他每天早晨排队到采石场，解开脚镣后，下到一个很大的石灰石田地，用尖镐和铁锹挖掘石灰石。因为曼德拉是要犯，专门看守他的人就有 3 个。这几名看守对曼德拉并不友好，总是想方设法地虐待他。

但是，1991 年曼德拉出狱并当选总统后，曼德拉在他的总统就职典礼上的一个举动，震惊了全世界。

总统就职仪式开始了，曼德拉起身致辞欢迎各位来宾。他首先介绍了来自世界各国的政要，并深感荣幸能接待这么多尊贵的客人，但他最高兴的是当初他被关在罗本岛监狱时看押他的 3 名看守人员也能到场。

曼德拉博大的胸襟和宽宏的精神，让南非那些残酷虐待了他 27 年的人感到无地自容，也让所有到场的人肃然起敬。看着年迈的曼德拉缓缓站起身来，恭敬地向 3 个曾看押他的看守致敬，在场的所有的来宾都被曼德拉的举动所震撼。

后来，曼德拉向朋友们解释说，自己年轻时性子很急、脾气暴躁，正是在狱中学会了控制情绪，才活了下来。那段牢狱岁月使他学会了如何正视自己曾经遭遇的苦难。他说，感恩与宽容常常源自痛苦与磨难，必须以极强的毅力来磨炼。

曼德拉说起获释出狱那天的心情，心中充满释然："当我走出囚室，迈过通往自由的监狱大门时，我已经清楚，自己若不能把悲痛与怨恨留在身后，那么我其实仍在狱中。"

幽默的智慧

　　在生活中我们常常遇到那些幽默风趣的人，他们遇事不慌不忙，靠自己的机智和风趣，破解很棘手的难题，把很尴尬的场面变得轻松愉快。

　　爱尔兰的萧伯纳也是世界上有名的幽默大师。有一次他在大街上走路，一个骑自行车的人不小心撞倒了他。那个人连忙过来扶起萧伯纳，正要道歉，萧伯纳说话了："你真不幸呀，要是再用些劲撞死了我，你就会因为撞死了萧伯纳而成为名垂青史的人物了。"一场应该发生的尴尬纷争瞬间被风趣友好的场景所代替，萧伯纳也因此让人们由衷地尊敬。

　　林语堂先生对于幽默评价更高，他甚至认为，幽默可以改变我们的文化生活，甚至在政治、学术和生活上都起着至关重要的作用。他认为，德皇威廉二世正是因为自己缺乏幽默才丧失了自己的帝国。威廉二世在公共场合下总是高翘着胡须，板着面孔，一副盛气凌人的模样，让人感觉可怕。他的臣民觉得这样的人缺乏起码的人性和温情。林语堂说，要是世界上的各个国家都派遣最幽默的领导人参加重要的国际会议，给予他们全权代表的权力，那么世界上就不会发生战争了，因为他们幽默的智慧会让会场充满风趣的情调，而不是剑拔弩张的争执。

　　幽默是一个人高情商的体现，一个没有幽默感的人显然是一个

227

低情商的人。这种情商来自先天的素养，也来自后天的锻炼。如果一个人心理健康，总是让自己保持乐观豁达的心情，幽默感就会油然而生。

幽默并不仅仅是在与他人交往中才使用，如果一个人能让自己的生活时刻充满幽默，在遇到艰难困苦时也能够以幽默风趣的态度去对待，那么人生哪里还有什么忧愁与烦恼呢？

幽默是轻松化解尴尬的智慧，是巧妙解决复杂矛盾的能力，是心胸豁达的机智。它不仅让你的生活充满情趣，也会让你在人际交往中充满魅力。

诚信之道

一个人的众多品行当中，最重要的是诚信二字。孔子说："人而无信，不知其可也"。曾子所说"吾日三省吾身"，其中所省之一就是"与朋友交而不信乎"，检查自己是否在这一天当中做了失信于朋友的事情。

如果说孔子的话还有些含糊，曾子所说的交友之道就十分简单直观了。换句话说，诚信就是人际交往的原则。把诚信两个字分开理解，就是做人要诚实，交往要讲信用。

怎么算诚信？

诚信需要推己及人，设身处地。无论说什么话做什么事，先想想如果是放在自己身上行不行，自己是否可以接受。有些人的诚信标准是只针对别人，不针对自己，要求别人做事认真负责，要求别人对自己忠心耿耿，但自己对别人就是另外的一个标准了。

诚信要求信守承诺，即我们常说的"大丈夫一诺千金"。古人常言，"君子一言，驷马难追"，是指说话要算数，不能出尔反尔。言而有信是一个人立身处世的基本原则，中国人最痛恨的就是言而无信之人。所谓承诺，就是把自己的诚信典当给了别人，让别人通过这个承诺来检验自己的诚信度。

诚信就是忠诚，是一种对人、对事负责的态度。

检验一个人是否忠诚，有一个很有效的方法，那就是看他自己独处时的态度，能否做到别人不在场时依然忠于职守，朋友不在身边时依然保持对朋友的忠诚。当面的忠诚谁都能做到，但背后的忠诚才难能可贵。

事实上，对于一个普通人而言，关于诚信的修养是从一些很小的事情上开始的。比如，你和同事约好一起吃饭，到了约定的时间，你却因为有别的事情不能赴约，那么你就失信于你的朋友了。下一次再约的话，你的朋友肯定就会对你的可信度打个问号。你说好在周末带孩子去公园的，但到了周末你又忙别的事情去了，你就会失信于你的孩子。下一个周你再说带孩子去玩，孩子对你也肯定要打个问号。上司让你完成一件轻而易举的事情，你都没有完成，你能够想象上司还会把重要的工作交给你吗？

这就是失信于人的恶果。我们的生活就是一件件小事组成的，你如果在这些小事上不以为意，小事组合起来，就是大事。相反，不论什么事情，如果你都能够诚实守信，日久天长，人们提到你时就会评价道：这是一个诚信的人。

日常小事上最能体现一个人的品德和操守，所以诚信之道当从日常小事养成。在小事上做好了，日积月累，诚信就成了你的生活习惯、日常准则，你也就具有了应付大事的品行和能力。

生命的硬度

    认识张海迪要追溯到20世纪80年代初，那时我正在大学读书，一个家在山东莘县的身残志坚的女青年被作为有志青年的典型，正被全国广泛宣传。那时，我了解到，她刚读小学一年级就下肢瘫痪，失去了读书的机会，但却靠坚强的毅力自学成才。她不仅没有被厄运吓倒，反而力所能及地帮助别人，成为一个对社会有用的人。

    到了90年代，我进入了济南的文化圈子。在张海迪翻译的长篇小说《莫多克》的作品讨论会上，我与她认识了。海迪从出现在大家面前到离开，其间四个多小时，她一直在认真、专注地听每一个人的发言，还时不时做笔记。最后，她做了一个多小时的演讲。在这期间，我们这些健康的参会人员有的几次出入会场，有的站起来或坐着不断变动身体的姿势以减轻疲劳，但海迪一直保持同一个姿势在轮椅上坐着，似乎不知道疲倦。有时我见她稍稍动一下上身，但很快又神情专注地投入到活动中。会议结束之后，几乎所有的人都在跟海迪告别、握手、寒暄，请她签字。此时，身强体健的我都已倍感疲累，而海迪依然充满热情地满足所有人的要求，她身上似乎有一种用不完的精力。

    从结识她的那一天起，这个有着远大抱负、有着常人难以企及的顽强意志、从来不向命运屈服、一两年就拿出一部长篇力作的张海迪，一直深深地影响着我、激励着我，成为我人生中宝贵的动力之源。

张海迪被人们熟知的时候是 26 岁。她说：那时候自己每天的生活都很喧闹、嘈杂，每天都有全国各地的无数来访者到家里来，每天收到的信件都是用麻袋来装，每天都会接到去做报告的邀请。但是我想，我有我的追求，我想做一个对社会、对人类有用的人，做一个自食其力的劳动者，我不能这样一天天消磨在人堆里啊。不久，我就搬到了一个很少有人知道的地方居住，一般不参加社会活动。我没有在学校读过书，我要抓紧时间学习啊。我告诉自己，应该保持一颗清醒的头脑，我选择的职业是作家，这个职业是不能够成天在前台露面的，更多的应该是寂寞的幕后工作。我要读书，我要思考，我要写作，而这一切都需要时间做保证。况且本来我的时间就不如别人充裕，我要是再不注意节省时间，我还能做成什么？有很多媒体在前几年有些猜测性的报道，说我怎么怎么样了，其实一切都在按照我自己的规划按部就班地进行，直到我攀登上一个个新的高度。

20 世纪 90 年代初，张海迪又得了一场重病，经历了一生中的第六次手术。她说：自己在想，为什么厄运都降临在了我的身上？为什么痛苦都给了我？让我一生只能坐在轮椅上还不够吗？虽然我忍受着痛苦，但我又告诫自己，我不能哭，我是坚强的海迪。

正是在那一年，张海迪开始报考吉林大学的哲学系，攻读硕士学位。她强迫自己又开始了挑战自我的艰难历程。她说，即使翅膀断了，我的心灵也要飞翔。两年以后，她以优异的成绩成为吉林大学的哲学硕士。她说我每一天都想过放弃，但是又在每一天把希望重新燃起。她常常对妈妈说：我当时病了，我要是坚持十年，或者二十年，也许正常，我都可以坚持下来。我没有想到，我坚持了四十多年。想到这些，我就为自己感动，为自己的意志感动。我就想，我应该对得起自己的意志，我应当对得起难得的生命，我要抓紧努力。

也许我们每个人最不敢面对的就是死亡，但是海迪对死亡却表现出了惊人的毅力和达观的态度。她说："以我的疾病，我早就接到了死亡通知书。我已经坚持了四十多年，这已是医学的奇迹，只要上苍给我一天时间，我就会笑对生活。"

在张海迪获得的所有荣誉中，她最看重的是"全国劳动模范"称号。她说："我是一个残疾人，本来应该是社会的累赘，但是我通过自己的努力，成为全国的劳动模范，我感到无上光荣，因为我是一个对社会有用的人。"

希望我们都能学习张海迪积极乐观、不向命运低头的顽强精神，心怀希望，锻打生命的硬度。

在水之湄

  车在蜿蜒的山道上爬行了十几分钟，停在了半山腰的一处别墅院中。

  浩渺的一片水色无遮无拦地展现在我面前。极目远眺，起伏的群山掩映在一望无际的丛林中。没有人为雕琢的痕迹，没有村落，没有风，平展如镜的一汪水面静静地躺在群山之间，像月光下妩媚的少女。

  顺着一条小路，攀扶着一棵棵小树，我渐渐地接近了水面。山影在一寸寸地缩短，雾岚轻轻地从山腰飘向水面。偌大的湖周围寂静无人，一切都像隐藏在山水的幽静中，我体悟着独享这山光水色的幸运，心灵顿然变得空灵豁达。

  这里的水面比城里的湖大了许多倍，城里的湖素有"泉城明珠"的美誉，名扬天下，而它却一直深藏在这群山树丛中间，默默无闻地独守着一方宁静。

  岁月如烟，这片水在这里存在了多少年，不得而知。我认为，它不一定比不上城里的湖久远。虽然与城市近在咫尺，但它一直深藏在这片大山之中。当地人给它起的名字，也极随意，跟了附近山的名字。确切地说，它应该叫湖，一个美如少女的硕大的湖。只是没有文人墨客越过它与城市隔绝的那两座山，所以它便没有了风雅。

  雾气渐渐浓重起来，站在水之湄，顿觉一股股凉气迎面而来。

一场秋雨刚过，天上浓重的乌云还没有散尽。没有太阳，满眼尽是一望无尽的水蓝。正应了那句诗，"空山新雨后，天气晚来秋"。没有尘世的嘈杂与喧嚣，只有山、树、水和雨后的清新，这便是诗的意蕴吧。我觉得只有自己享受，未免太奢侈了。此时，若有几位文朋诗友，相约徜徉在水边，才不负了这美丽景色吧。但是没有，只有我自己一个孤寂的身影。

凉爽的水气吹来，一切的尘缘都翩然远去，连最真切的经历，甚至连车子刚才进山时在狭窄的山道上行驶的担忧，也忘得干干净净，只剩下那个平时隐藏在心底的精灵。它放纵地裸露在水之湄，贪婪地呼吸着激滟的水色，独享着水光的妩媚。

天色暗下来，透过树丛已看见别墅里亮着的灯光。雾大了，风也起来了，有了细浪，水声也响了起来。

我摸索在树林中，寻着上山的路径。我有一种在原始森林中穿行的感觉，苍茫深邃。这种感觉在城里的湖边是感受不到的，城里的湖边早已被商业化的模具占有，仅存的一点自然情调早已被吞噬殆尽，那里时时传来的，是湖水呻吟的声音。

郊外山下的这片水色是清静的。但是，这几年附近建了画家村、游乐园、商业住宅群，再看自然纯美的景色，恐怕要去更远的山里了。

没有出人意料的成功

几乎所有的人在刚取得成功时都会引来这样的惊诧：他本来还不如我呀，怎么成功了？当初，我以为他那样做是走不通的，怎么就走通了？真没有想到啊，太出乎意料了！

这样的惊诧是不必要的，因为别人付出了比你更多的努力，拥有了成功所必需的勇气和智慧，所以成功是必然的结果。

威勒是18世纪美国极负盛名的房地产商和银行家。但他在发迹之前不过是一家银行里一个普通的职员。他本来在一个亲戚的店铺里帮忙，因为勤快肯干，深得亲戚信任，就让他负责跑银行的业务。因为经常到银行去，同银行里的人就熟悉了。银行老板看他机灵诚实，决定聘请他做银行的职员。在银行里，威勒的才华显露出来，很快升为主管，负责对房地产方面的投资。

18世纪正是美国历史上大规模的开发建设时期，房地产开发炙手可热。在华盛顿的近郊有一块地皮，威勒认为有不错的开发前景，应该买下来。银行里其他的同事都不同意他的观点，他们认为那里偏僻荒凉，不会有开发前景，投进去很可能就烂在了那里。但是威勒认为，美国的经济正在进入大发展的时期，无数的农民会到城市里来，华盛顿用不了几年就会人满为患，必须扩大城市规模，而那块地方无论从哪个方面说都是开发建设的首选。同事们不以为然。老板也拿不准，但是凭着自己对威勒的信任，决定让威勒放手去买这块地皮，并负责那里的开发。

也就在威勒买下地皮，办完有关的法律文件，刚刚开始开发的时候，华盛顿市政府做出了一个决定，要在那里兴建新的商业中心，作为华盛顿的新城。威勒一年前买下的地皮在一夜之间飞涨了十倍。所有的同事都对威勒佩服得五体投地。威勒的这一个决定让银行老板一夜之间挣了数百万美元。老板为了表彰威勒，奖励了他10万美元。

在那个时候的美国，拥有10万美元已经是了不起的事情。威勒决定以这些资金为资本，自己干一番事业。他从自己熟悉的房地产开始，逐步扩大到许多行业，后来成为美国著名的房地产开发商和银行家。

威勒成功的秘诀，就是在一个机会还没有显示出它的价值的时候，在别人都不以为意的时候，他凭借自己的能力和智慧发现了其中潜在的趋势。在股市里，所有那些追涨的人都肯定会成为套牢一族，原因是你等到所有人都发现了它的价值的时候才发现它。只有当所有的人都不认为它有投资价值的时候，才会有机会来临。

人生和事业都是如此，从来没有出人意料的成功，只是成功者往往具备常人所缺少的敏锐的判断力和决策力。眼界、信念、勇气和智慧，是打开成功大门的金钥匙。

摩尔斯密码

英国著名的翰瑞公司要招聘一个发报员，公司发布招聘公告称，只要是熟悉国际通用的摩尔斯密码系统的人都有资格应聘。公司开出了非常诱人的待遇条件，一旦应聘为公司员工，收入和福利都是一流的。

很多学有专长的年轻人都闻讯而来。来到公司以后，应聘者被安排在公司的大厅里等候面试。大厅的尽头有一间神秘的办公室，负责面试的公司经理就坐在那个房间里。这些应聘者被告知，要先在大厅里排队等候，排到谁的时候人事经理会把谁带到那个房间。

因为前来应聘的人很多，大厅里又有无数来公司办业务的人，大厅里还播放着非常嘈杂的音乐，又有人不停地接听着电话，环境实在乱极了。甚至有应聘者认为，在这样的环境里面试员工，显示出这个公司的傲慢和无理。

这时候，有一个年轻人走进公司大厅并自觉地站在了队伍的最后。但是，听了一会，他似乎明白了什么，看了看大家，什么也没有说，就径直走进了大厅尽头那间神秘的办公室。

大家都非常惊奇，也非常不理解。他刚来不久，自己怎么就直接进房间去了？不是明确规定大家站在这里等待人事经理叫名字的吗？

不久，人事经理带着那个青年人走出来。面对着疑惑不已的其

238

他应聘者，人事经理通知大家：你们可以回去了，面试结束了。这个年轻人被正式录取为公司的发报员了。

大家非常不满，非常愤怒地说：我们早就来了，一直被安排站在大厅里等候叫名字，他来得最晚，没有被叫名字却直接进去了，这不是明摆着公司不公正吗？既然你们早就内定好了人选，为什么还要向社会公开招聘，耽误大家的宝贵时间呢？你们这是打着招聘的幌子沽名钓誉吧？

人事经理和那个年轻人都笑了。人事经理告诉大家：我们招聘发报员，特别选择了公司大厅这个嘈杂的环境。甚至，我们还刻意安排了一些更嘈杂的因素混淆视听。但是，让我们遗憾的是，在这个年轻人到来之前，一直都没有人发现，在大厅中持续播放的嘈杂音乐中，我们始终播放着摩尔斯密码的电波。而这个电波解读之后的意思就是：谁听懂了这个密码，就请直接走进那个房间。

人事经理看着惊诧万分的应聘者们继续说：公司对入选者非常满意，这个年轻人尽管来得最晚，但是他没有多久就听懂了密码。我们认为，这个年轻人不仅精通摩尔斯密码，而且还是一个非常细心的人，是一个不论在什么场合都能够保持冷静的人，而这正是我们招聘发报员的条件。他符合公司的要求，正是我们要寻找的优秀员工。

其他应聘者，都怀着无限的沮丧和万般的遗憾悻悻而去。

其实，几乎我们所有的人，每天都在面临这样的问题。我们常常是用常规的思维束缚自己的行为和心智，循规蹈矩，按部就班，把自己的能力和智慧限制在一个很小的范围内。因此，很多大好的机遇被我们轻易地错过了，很多成功的机会也悄悄失去了。